황신모 청주대학교 전 총장 자서전

충북의 미래, 교육이 답 이다.

교육특별도 충북, 교육 1번가 충북을 향한 새로운 약속
사람, 사랑, 교육 그 뜨거웠던 궤적

황신모 지음

충북의 미래,
교육이 답이다.

2018년 2월 27일 초판1쇄 발행

지 은 이 : 황 신 모
편   집 : (주)시은
책임편집 : 최 혜 민 , 김 한 솔
디 자 인 : (주)시은
펴 낸 곳 : 유 신 당

충북의 미래,
교육이 답이다.

교육특별도 충북, 교육 1번가 충북을 향한 새로운 약속
사람, 사랑, 교육 그 뜨거웠던 궤적

Part I
교육은 나의 천직

Part II
희망의 찬가

Part III
정책 제언

Part IV
황신모의 세상 보기

Part V
발자취

(충청북도 전 교육감 이기용)

35년 만에 찾아온 진귀한 개기월식을 보기위해 겨울 밤하늘을 올려다보았습니다. 그리고 별을 꿈꾸는 동심으로 돌아가 달에게 소망도 빌어 봅니다.

문득, 빈센트 반 고흐의 작품 '별이 빛나는 밤' 이 떠오르며 시대를 넘어서는 문화의 향기에 놀랍니다. 화려한 색채를 즐겨 사용했던 고흐의 작품은 별이 곧 희망이었습니다. 평화롭게 죽는다는 것은 별까지 걸어가는 것이라는 그의 예술적 동경이 가슴을 따뜻하게 합니다.

제게 있어 젊은 친구 황신모 총장님과의 만남은 별 헤는 그 밤처럼 설렘과 동경이었습니다. 언제 어디서 만나도 푸근하고 때론 예리함에 놀라기도 했습니다. 제가 현직에 있을 때 충북교육의 미래, 그리고 교육강국 의제를 놓고 논쟁도 해봤습니다. 그의 따뜻함에 놀라고, 교육식견에 감탄하고, 담대함에 마음을 빼앗겼습니다. 정책제안도 해주시고 많은 도움도 주셨습니다. 참 고맙다는 말씀을 이제야 드립니다.

교육의 영원한 아젠더 교육백년지대계는 바로 사람을 알아가도록 그 기본을 바로 가르치는 것이라고 생각합니다. 그 위에 창의와 실력의 옷을 입혀 미래를 이끄는 것이 교육입니다. 최근에 우리는 교육을 비롯한 사회 각 분야에서 기본이 흔들리고 근본이 무너지는 안타까움과 고통을 마주하고 있습니다.

황신모 총장님의 교육에 대한 철학과 비전을 담은 「충북의 미래, 교육이 답이다」를 읽으면서 교육의 기본이 무엇인지를 다시 생각해 보았습니다. 현실의 답답함 너머로부터 새 희망의 별빛이 찬란히 비치어 옴에 감사하고 박수를 보냅니다.

여러분께서도 이 책을 통해서 우리 사회의 지속 가능한 발전의 동력이 결국 교육이라고 하는 주제에 생각도 마음도 채우면서 희망 에너지를 느껴보시기 바랍니다. 작가와 동행하며 생각의 깊이를 더하시고 그의 작품이 서로 소통하고 함께 나누는 향기 깊은 다락방이 되길 소망합니다.

누가 시키지 않아도 따라 부르는 노래처럼 작가의 말씀이 노래가 되고 시가 되기를 바랍니다. 느낌이 아니라 사명감을 가지고 진심을 전하는 작가의 말씀이 우리교육에서 새 희망의 단초가 되기를 바랍니다. 황 총장님 특유의 향취로 우리 삶에 오래 남을 향기를 전해 주시기 바랍니다.

거듭 「충북의 미래, 교육이 답이다」 발간을 축하드립니다.

충청북도 전 교육감 이 기 용

(충청남도지사 안희정)

'교육 외길 30년' 황신모 전 청주대학교 총장의 삶은 더 좋은 교육을 위한 헌신의 시간이었다. 더 좋은 교육이 더 좋은 내일을 연다는 신념이 그 원동력이 되었다.
변화와 혁신, 도전 정신은 새로운 번영의 길을 찾아야 하는 우리의 소명이고 그 싹은 교육을 통해 키워질 것이다. 도전과 변화를 두려워하지 않는 황 전 총장에게 더욱 큰 기대를 하게 되는 이유이다.

또한 새로운 번영으로 인해 얻는 행복은 우리 모두의 것이 되어야 한다. '우리' 라 는 연대와 신뢰가 바탕이 되어, 함께 행복한 나라가 되어야 한다. 이 또한 교육이 담당해야 할 몫이 크다.

대학시절 민주화운동에 몸담았고, 시민사회단체에서 정의 실현을 위해 일했던 황 전 총장은 우리 시대에 꼭 필요한 교육인이다. 변화를 두려워하지 않는 황 전 총장 이 새로운 교육을 위해 계속 애써주기를 희망한다.

충청남도 도지사 안 희 정

추천사

(경희대학교 전 부총장 박명광)

충북은 전통적으로 청풍명월(淸風明月)의 고장이자, 선비(鮮卑) 또는 양반(兩班)의 고장이고, '교육의 도시' 로 불리어 오면서 발전해 온 지역입니다. 아름다운 자연으로부터 유래된 청풍명월과 선비와 교육의 도시는 상호연관관계가 높다고 생각됩니다. 현대에 있어서 전통적으로 내려오는 양반 또는 선비라는 개념은 지식인을 지칭하고 있습니다. 나는 이에 적합한 인물로 청주대학교 총장을 지낸 황신모 박사를 꼽는데 주저하지 않습니다.

황 총장은 이론과 실무를 겸비한 학자로 정평이 나 있습니다. 그는 교수의 본분인 연구와 인재 양성에 머물지 않고, 지역발전을 위해 적극적으로 행동하는 경제학자입니다. 그는 연구성과와 지역발전에 기여한 공로를 인정받아 미국의 저명한 인명사전인 마르퀴즈 후즈 후(Marquis Who's Who)에 등재된 바 있습니다. 또한 그는 영국 캠브리지 국제인명센터(IBC: International Biographical Center)가 발간하는 '21세기 2000명의 탁월한 지식인(IBC's 2000 Outstanding Intellectuals of the 21st Century)' 에 선정된 바 있고, '세계 톱 100명의 교육자(IBC's Top 100 Educators of the 21st Century)' 로 선정된 바도 있습니다.

그리고 그는 NEWSMAKER(뉴스메이커)에서 '한국을 이끄는 33인의 혁신리더'로 선정되기고 했습니다.

그는 전형적인 외유내강형(外柔內剛型)의 충청도 양반입니다. 그는 자신을 잘 표현하지 않는 부드러운 성품을 지녔음에도 적극적이고 능동적으로 일을 처리하는 강한 추진력을 갖고 있는 사람입니다. 그는 항상 미래를 위해 준비하는 사람입니다. 늦어도 새벽 4시면 일어난다고 합니다. 이때부터 서재로 가서 본업인 책을 읽고, 그 내용을 깊이 생각하고, 이를 자신의 생각으로 승화시키고, 다시 이것을 종합적으로 분석하여 지역사회, 국가에 어떻게 적용될 수 있을 것인가를 고민하는 학자입니다. 이러한 일상이 수십 년 동안 반복되다 보니, 그는 이론과 실제를 겸비한 높은 경지의 전문가 수준으로 진화했다고 생각합니다.

황 총장과 나의 인연은 경희대학교에서 맺어졌습니다. 경희대학교 경제학과 교수 시절인 1984년 어느 날 석사과정에 있는 대학원생이 연구실로 찾아와 지도교수를 맡아 달라고 하면서부터 인연은 시작되었습니다. 그는 당시 새파란 젊은 대학원생이었는데, 그때부터 현재까지 황 총장과의 관계는 변함없이 이어지고 있습니다. 스승과 제자로서, 어떤 때에는 큰형과 아우로서, 학문의 도반으로서 현재까지 30여 년 간 한 결 같이 그 인연을 이어오고 있습니다.

난 황 총장이 지방에 있는 대학보다 서울에 있는 대학에서 교수를 했으면 하는 생각을 늘 했습니다. 그런데 그는 군산에 있는 호원대학교로 전임교수가 되어 가더니 몇 년 후에는 다시 고향이고 모교인 청주대학교 전임교수가 되었습니다. 난, 황 총장이 모교이고 고향에서 교수를 하면서 지역사회에 봉사하면서 인생을 보내는 것도 보람 있는 삶이라고 생각하여 서울에서 대학교수를 하는 것이 좋겠다는 생각을 접게 되었습니다. 황 총장은 청주대학교에 부임한 이후 줄곧 여러 보직을 맡게 되었습니다. 학과장, 학부장, 취업보도실장, 학생처장, 교무처장, 기획처장, 경상대학장, 부총장, 총장에 이르기까지 대학에서 할 수 있는 주요 보직을 모두 섭렵했습니다. 그는 학회활동도 열심히 했지만 지역발전에 대한 열망은 남달랐다고 생각됩니다. 그는 지역에서 신문사 논설위원, 방송사 MC · 해설위원 · 패널과 언론사의 임원에 이르기까지 언론활동도 열심히 했고, 충북 · 청주경실련 상임공동대표, 중앙경실련 중앙위원회 부의장으로 시민사회운동을 주도했으며, 우리나라의 주요 이슈인 균형발전 · 지방분권 운동에도 주요 역할을 하여 우리나라 민주주의 발전에도 큰 공헌을 하였다고 생각됩니다. 그의 이러한 다양한 지식과 경력은 급속하게 다변화하고 있는 현대의 디지털시대, 지식산업시대, 제4차 산업혁명시대에서 교육을 책임질 수 있는 가장 적합한 인물이라고 평가됩니다. 그는 충북지역의 문제가 무엇인가를 가장 잘 알고 있는 인물로 인정받고 있고, 우리나라의 문제가 무엇인가를 가장 잘 분석할 수 있는 인물 중 한사람이라고도 평가되고 있습니다.

난, 황 총장과 같이 강직하면서도 유연성 있고 부드러운 성품과 다양한 지식을 지니고 있으며, 한쪽으로 치우친 이념이나 지식을 배제하고, 객관적이고 보편주의 가치에 입각한 이념과 지식을 선호하며 이를 끊임없이 탐구하고 행동하는 지식인이 이 시대에 책임 있는 자리를 맡아야 한다고 생각합니다.

특히 격동의 시대에 충북교육을 책임지는 자리는 황 총장 같은 인물이 적합하다고 판단합니다. 따라서 이 책은 황 총장의 삶, 지식, 지혜, 철학, 가치관이 흠뻑 배어 있어 현대인들에게 많은 교훈을 줄 수 있다고 생각해 추천하는 바입니다.

경희대학교 전 부총장 박 명 광

들어가는 말
(Prologue)

인디언의 속담에 "누군가를 평가하려면 먼저 그 사람의 신발을 신어보라." 는 말이 있다. 남의 신발을 신는다는 것은 그 사람의 처지에서 본다는 말이다. 더욱이 위정자들에게 있어 역지사지는 더욱 더 중요한 덕목이다. 양의 머리를 내어놓고 실은 개고기를 파는 '양두구육'(羊頭狗肉)과 같이 자신의 잇속만 챙기려는 얄팍한 행보가 되풀이된다면, 그 폐해는 고스란히 도민과 국민들에게 전가될 수밖에 없다. 가혹한 정치와 행정으로 말미암아 백성이 심한 고통을 겪는 '도탄지고'(塗炭之苦)는 그래서 아프다.

작금 충북교육의 상황을 보면 처지가 참으로 딱하다. 충북교육의 자존감을 되찾고 잃어버린 충북도민의 자존심을 회복해야 하는 이유다. 교육을 통해 국가의 융성을 이뤄야 하는 '교육구국'(教育救國)의 정신이 절실한 때이다.

기원 전 399년 철학자 소크라테스는 아테네 법정에서 독배를 마시고 비극적 생애를 마감하면서 "사는 것이 중요한 문제는 아니다. 올바로 사는 것이 중요하다."는 말을 남겼다.

그렇다. 지금 우리에게 필요한 것은 충북교육을 개혁하여 새로운 반석위에 올려놓는 일이다. 진정한 교육 자치는 손바닥 뒤집듯 바꿀 수 있는 '이여반장'(易如反掌)이 아니다. 어제 한 말과 오늘 한 말이 다르고, 어제 한 약속이 오늘은 휴지조각이 되는 상황을 보면서 우리의 후손들이 배울 수 있는 것이 무엇이 있겠는가를 반추해 본다.

해법은 다른 데 있지 않다. 교육개혁이 이루어져야 한다. 교육정책부터 변해야 한다. 생각이 바뀌어야 한다. 그래서 사람을 바꾸어야 한다.

말로만 소통을 외칠 게 아니라 도민과 학부모의 뜻을 섬길 수 있는 그런 사람을 교육감으로 뽑아야 한다. 더 이상의 실정(失政)은 학생들에게도 죄를 짓는 일이다.

만사엔 원인이 있으면 결과가 있기 마련이다. 아니 땐 굴뚝에는 연기가 나지 않는 법이다. 학부모들이 밤잠을 설치거나 화병이 났다면 반드시 원인이 있다.

그러한 민심의 문제는 탁상 위에서는 절대로 해결되지 않는다. 비록 현장을 찾는다 해도 현장의 소리를 귀담아 듣지 않으면 아무런 소용이 없다.

하심(下心), 즉 마음을 내려놓으면 가슴 속 한 가운데 태양이 뜬다. 귀 기울여 경청하는 일은 사람의 말을 얻는 최고의 지혜라는 이청득심(以聽得心)의 자세가 필요하다.

여기에 기록한 이야기는 내 삶의 궤적이 아니라 그들의 궤적이다. 그들의 기록을 여기에 담아 그분들에게 바친다.

Part 1

교육은 나의 천직

나의 고향

나의 고향

눈을 가만 감으면 굽이 잦은 풀밭길이
개울물 돌돌돌 깅 섶으로 흘러가고
백양 숲 사립을 가린 초집들도 보이고요.

송아지 몰고 오며 바라보던 진달래도
저녁노을처럼 산을 둘러 퍼질 것을
어마씨 그리운 솜씨에 향그러운 꽃지짐.

어질고 고운 그들 멧남새도 캐어오리
집집 끼니마다 봄을 씹고 사는 마을
감았던 그 눈을 뜨면 마음 도로 애젓하오.

김상옥의 시조 '사향'

이다. 철없던 어린 시절 뛰어놀던푸른 고향 언덕과 물장구치던 미호천, 그리고 언제나 나를 기다려주는 어머니가 계신 내 고향의 모습과 닮은 시조라 더 애달프다.

'고향' 은 그 말, 한마디로도 마음이 훈훈해지고 눈시울이 붉어지는 아련하고 정겨운 말이 아닐 수 없다. 고향은 가만히 앉아서 반기는 법이 없다. 학교에서 돌아오는 아들을 멀리서 바라보고 한걸음에 마중 나오시던 어머니처럼 늘 서서 반긴다. 그런 고향을 사랑한다. 유년의 기억과 청년의 추억, 장년의 고뇌가 깃든 아버지와 어머니의 고향을 생각한다.

당시만 해도 내 고향 청원군(현 청주시) 강내면은 대중교통수단이 제대로 갖추어져 있지 않고, 전기도 들어오지 않고, 비포장 길이 많았다. 일반 시외버스는 가끔씩 다녔고 시내버스는 닿지 않아 기차통학을 했기 때문에 학교를 오가는 길이 고행길이었다. 하지만 친구들과 기차역까지 오가는 동안 산과 들로 뛰어 다니며 군입정을 하는 재미가 유별났다. 지천에 오디, 산딸기, 으름, 깨금(개암), 각종 과일이 널려 있어 지금은 구경하기 쉽지 않은 자연산 열매들을 공짜로 실컷 먹을 수 있던 때였다.

고욤나무, 자작나무, 떡갈나무를 칭칭 휘감고 올라선 으름은 설탕처럼 달고 맛났다. 버들강아지(개밥나무) 열매를 따서 껌처럼 씹었고, 먹거리가 부족한 만큼 칡뿌리를 캐먹고 아카시아 꽃, 창 꽃, 심지어 찔레줄기까지 따먹던 기억이 아련하다.

▲해병대 시절. 전우와 함께.

지금도 나는 자연이 주는 음식을 접할 때면 유년시절의 기억으로 촘촘하게 각인된 농부들의 숱한 땀방울을 선명하게 떠올리곤 한다. 쌀을 수확하기 위해서는 농부의 발소리를 천 번 가량 들어야 한다고 하지 않았는가.

 농사를 짓던 아버지께서는 나에게 세상사는 진리와 덕목을 가르쳐주신 스승이시다.

 동네에서도 가장 부지런하기로 소문 난 선친께서 늘 주문하셨던 말씀은 당시는 잘 이해하지 못했지만, 장성해서 생각하니 수기(修己 · 자기 수양)와 염약(廉約 · 청렴과 절약), 행검(行檢 · 점잖고 바른 몸가짐)으로 압축된다. 그러한 가르침은 지금도 나에겐 규범이자 삶의 지표이다.

"당신은 어떤 사람입니까" 라고 묻는다면 "난 거짓말을 싫어하는 사람", "난 부지런한 사람" 이라고 답한다. 따라서 난 거짓말을 하는 사람과 게으른 사람을 싫어한다. 보통사람의 경우 8분마다 거짓말을 한다는 연구결과가 있다. 심지어 하루 200번이 기본이라는 통계도 있다.

 직장인들이 꼽은 최고의 거짓말은 "에이! 이놈의 직장 당장 때려 치겠다." 와 "언제 밥 한번(술 한번) 먹자." 는 것이라고 한다. 그만큼 직장생활이 팍팍하고, 보릿고개를 겪을 때부터 밥 먹는 것이 꽤나 귀한 일상이었기 때문이리라.

 그러나 그런 거짓말은 그나마 애교로 봐준다고 하자. 문제는 우리 사회가 여전히 남을 짓밟지 않으면 내가 죽는다는 그릇된 생각이 판치고 있다는 점이다. 그래서 남의 등을 친다. 그래서 남의 등골을 파고, 남의 눈에 눈물이 나게 한다. 보이스피싱, 파밍, 스미싱, 메모리 해킹 등 전자금융사기도 끊이지 않는다. 그 또한 남을 기망하거나 거짓말을 해서 피땀으로 일군 남의 돈을 도적질하는 파렴치한 만행이다.

 진나라의 '맹호행' 은 "아무리 목이 말라도 '도둑 샘' 의 물은 마시지 말고, 아무리

워도 '나쁜 나무' 그늘에서는 쉬지도 말라." 고 말했다. 남의 것을 탐하지 말고 늘 살피고 삼가라는 얘기다.

난 호불호가 분명한 편이다. 대인관계도 매우 중시한다. 그러기 위해서는 정직하지 않으면 안 된다. 난 거짓말은 오래 가지 못하고 스스로 신뢰를 떨어뜨리고 자신을 우습게 만들기 때문에 용납하지 못한다.

철이 들 때까지 아버지로부터 가장 많이 들었던 이야기는 또 있다. "남에게 좋지 않은 소리 듣지 않도록 처신하라, 남의 가슴 아프게 하지 마라. 남의 물건 탐내지 마라." 는 말씀이었다. 내 자신에게 엄격하라는 당부다.

조선조 청백리로 추앙받던 선초삼청의 한 명인 류 관의 유훈을 늘 가슴에 품는 이유다.

"우리 집안에 길이 전할 것은 오직 청백이니, 대대로 끝없이 이어지리라. (吾家長物唯淸白 世世相傳無限人 · 오가장물유청백 세세상전무한인)"

▲'조불식 석불식(朝不食 夕不食)' 에 허기를 달고 살았던 여러 어려움의 질곡을 딛고 오직 교수가 되겠다는 꿈을 키웠던 경희대학교 석사과정 졸업 사진.

전임강사에서 총장까지
교육 외길 30년

　　　　　　　　　　　　　　　　　속은 비고 마음만 높으면 주린 호랑이와 같고, 아는 것 없이 놀기만 하면 넘어진 원숭이와 같다는 말이 있다. 이 게송(불덕을 찬미하고 교리를 서술한 시구)은 야운 스님이 쓴 '자경문'에 나오는 것으로, 인간은 무엇보다 교만심을 가져서는 안 된다는 점을 강조하고 있다.

　그런 의미에서 청주공업고등학교를 졸업하고 1년 후 마주한 해병대 입대는 나의 인생을 송두리째 바꿔놓는 길라잡이가 됐다.

　흔히 해병대는 군기가 세고 훈련이 혹독하다고 정평이 나 있다. 그러나 대한의 남아로서 이왕 입대할 거라면 가장 남자답고 강하며 귀신도 때려잡는다는 해병대를 가서 월남전에 참전해야겠다고 마음먹고 입대를 하였다. 그런데 막상 입대를 하니 월남전에서 막 철수하던 때라 참전하지는 못했다.

　진해교육기지사령부에서 훈련을 받은 후 헌병대 차출을 간신히 피하고, 보병병과를 받고 백령도에 배치되었다. 백령도에서 복무하는 동안 처음에는 최전방부대에 배치를 받아 근무를 하다가 윗분들의 눈에 들어 중대장 전령으로, 그 다음 해군도서(島嶼)지구 보안대장 전령으로 뽑혀 의미 있는 병영생활을 이어갔다. 백령도 해병대에서 가장 선호하는 용기포 보안대에도 차출되어 항구의 보안요원으로도 근무했고 거기서 제대를 했다.

당시 한 밤중에 만취한 사람이 비틀거리며 바다에 빠져 계속해서 바다로 향해 들어가는 것을 발견하고 목숨을 구했던 일은 지금 생각해도 아찔하고 긴박했던 잊지 못할 기억이자, 군 생활 최고의 보람 중에 하나로 각인돼 있다. 처음엔 어느 사람이 바다로 성큼성큼 걸어가는 것을 보고 '귀신(?)' 일 수도 있다는 생각을 했다. 모골이 송연해지는 것은 당연지사였다. 그때 그 사람을 그대로 놔두었다면 아마 죽었을 것이라 생각된다. 그 때 나도 모골이 오싹해서 소름이 끼쳐 있음에도 불구하고 그에게 다가가 그를 구조했던 일은 수십 년이 지난 후 현재에도 잊지 못할 추억으로 가슴에 남아 있다.

멀쩡한 사람이라면 바다 방향으로 걸어갈 이유가 전혀 없었기 때문이다. 새벽녘 달빛이 비치면 바다가 모래사장처럼 보여 술 취한 이들이 가끔 바다에 빠진다는 얘기를 들었던 것도 그 즈음이다.

용기포 항구의 주변에 사는 마을 사람들의 인간적인 모습은 지금 생각해도 푸근하고 정겹다. 휴가를 나올 때면 부모님께 가져다 드리라며 멸치, 마른 고기 등 해산물을 한보따리 안겨 주었고, 전역할 때는 이를 축하해주는 현수막까지 내걸어 주셨던 가슴 따뜻한 분들이었다.

그 때 만난 선배인 '이종훈' 은 오늘날 내가 있도록 인생 항로를 안내해준 나침반과 같은 존재였다. 그는 내게 "공부해서 꼭 서울대에 들어가라." 고 귀가 따갑게 이야기했다. 처음엔 들은 체도 하지 않았다. 가난이 걸림돌이라 대학 갈 생각은 애초부터 엄두가 나지 않은 탓이었다.

둥 두렷이 솟은 보름달을 바라보며 향수에 젖을 틈도 없이, 어렵게 살았던 '조불식 석불식(朝不食 夕不食)'에 허기를 달고 살았던 빈곤의 질곡이 문제였다.

그런데 놀랍게도 언젠가부터 오기가 발동했다. 교수가 되겠다는 결심이 용광로처럼 들끓었던 것도 그때였다. 보안부대 본부상황실에 근무하면서 쉬는 시간에는

'공통수학의 정석', '안현필의 영어실력기초' 부터 하나하나 읽고 쓰면서 체득해 나 갔다.

무엇이든 한번 파고들면 끝을 보는 성격도 가마에 불을 지폈다. 여단 본부 전체에 서 구두를 가장 잘 닦았고, 군복을 가장 잘 다림질했고, 특히 해병대의 상징인 팔 각모의 다림질을 가장 잘 했던 것도 한 번 매달리면 기필코 이루고야 마는 특유의 성정 때문에 가능했다.

비록 가정형편 때문에 인문고 대신 공고를 가야했지만, 한번 타오른 향학열을 잠 재우지는 못했다. 오로지 공부만 팠다. 브레이크 없는 질주를 거듭한 덕에 청주대 학교에서 경제학 학사, 경희대학교에서 경제학 석사와 경제학 박사 학위를 취득할 수 있었다. 사람은 항상 현재의 위치에서 최선을 다하면 반드시 꿈을 이룰 수 있다 는 지극히 당연한 진리를 믿은 보상이었다.

그 후 전북 군산에 있는 호원대학교에서 전임강사로 처음 강단에 섰던 때는 지금 도 잊을 수 없는 행복한 기억으로 남아있다. 당시 서울에서 학문적 동료나 친구가 내려오면 광주광역시 북구 망월동에 있는 공원묘지를 함께 찾아가 순국선열과 호 국영령을 기리곤 했다. 해병대 기질이 잠재돼 있었기 때문인지, 아니면 애국심이 용솟음쳤기 때문인지 몰라도 지금 생각해보면 교단에 서면서 새롭게 각오를 다지 는 하나의 통과의례로 여겼던 것 같다.

물론, 대학 강단에 서기까지는 내적 갈등이나 철학적 갈등도 없었던 것도 아니다. 한때는 신학대학이나 성공회대에 가서 목사나 신부가 될까, 출가해서 스님이 될까 숱한 방황도 했다. 하루에 15시간씩 종교나 종파 구분 없이 2년여 동안 종교사에 대한 연구에 매달린 적도 있었다.

'아프니까 청춘' 이라 했던가. 고교를 졸업하고 기능공으로도 일해 봤고, 대학과 대 학원 재학 때에는 과외 교사, 야학 교사, 학원 강사, 연구원으로도 활동했다.

▲설렘과 긴장으로 대학 강단에
처음 섰던 전임 강사 시절

 지난 30여 년간 대학에서 학생들을 가르치면서 경륜도 쌓았다. 학과장을 비롯해 취업보도실장, 대학본부 행정을 책임지는 처장인 학생처장, 교무처장, 기획처장을 경험했고, 경상대학장, 대학행정의 전반을 보좌하는 부총장과 총괄하는 총장에 이르기까지 대학 행정도 두루 섭렵했다.

 충북 · 청주경실련 상임공동대표, 중앙경실련 중앙위원회 부의장 등 시민사회활동 가로서, 충북 소기업 · 소상공인위원회 위원장, 소상공인포럼 공동대표 등을 맡아 대기업과 중소기업 · 소상공인의 동반성장을 실현하기 위한 시민사회운동에도 앞장섰다.

 충북경제살리기 운동을 주도하면서 특히 소상공인의 권익보호와 경쟁력을 높이기 위해서도 힘썼다. 신문사의 논설위원과 칼럼니스트, 방송사의 해설위원 · MC · 패널을 경험했고, 그리고 방송사 이사로서 경영에도 참여했다.

 특히 교수의 본분인 연구와 인재 양성에 머물지 않고, 지역발전을 위해 적극적으로 행동하는 학자를 지향했다. 진정한 지식인은 이론을 위한 이론연구가 아니라 실제 현실에서 적용될 수 있는 이론과 그 이론을 바탕으로 현실 문제를 해결하기 위한 정책을 제안하고 행동해야 한다고 생각했다.

필자는 전형적인 외유내강형(外柔內剛型)의 충청도 양반이라는 말을 종종 듣는다. 자신을 잘 표현하지 않는 부드러운 성품을 지녔음에도 적극적이고 능동적으로 일을 처리하는 강한 추진력을 갖고 있는 사람을 의미하는 것으로 이해하고 있다.

지식인은 항상 미래를 준비해야 한다고 생각한다. 다산 정약용 선생의 말처럼 부지런하고 또 부지런해야 한다고 생각한다. 늦어도 새벽 4시면 일어나고 있다. 이때부터 서재로 가서 책을 읽고, 그 내용을 깊이 생각하고, 이를 자신의 생각으로 승화시키고, 다시 이것을 종합적으로 분석하여 실제 현실사회에 어떻게 적용될 수 있을 것인가를 고민하기 위해서다. 이러한 일상이 수십 년 동안 반복되다 보니, 이론과 실제를 겸비한 행동하는 경제학자라는 칭호를 받고 있기도 하다.

나는 원래 누구에게 평가받기 위해 일하는 스타일은 아니다. 열심히 하다보면 좋은 평가가 나온다고 생각한다. 늘 처음처럼, 한 결 같이 일하는 것을 좋아한다. 그리고 마음먹으면 곧바로 실행한다. 나중으로 미루는 것은 결국 할 수 없다는 얘기다. 시작에 대한 두려움을 극복하는 방법은 도망치는 것이 아니라 지금보다 더 가까이 가서 두려움을 꽉 껴안는 것이다.

경희대학교 은사인 박명광 지도교수를 만난 것도 인생을 살아가는 데 있어 나에겐 최고의 행운이었다. 그는 학생처장 시절과 그 이후에도 당시 군사정권 타도를 위한 학생운동을 하다 지명수배가 내려졌던, 대학은 다르지만 제자나 제자와 같은 이들의 아픔을 어루만져 주고, 그들과 시대적 아픔을 함께 나누며 소통했던 보기 드문 사표였다. 현재 이름만대도 우리국민 모두가 알만한 인사들이 '대부(?)' 로 모실

정도였다. 당시 새로운 정부에서 개혁추진위원회 공동대표로서 정치에 입문해 비례대표로 17대 국회의원에 입성하여 열린정책연구원장, 최고위원 등을 역임했다. 경희대학교 NGO대학원 원장과 경희대학교 대외협력 부총장을 지낸 박 교수님은 지금은 사단법인 지구촌나눔운동 이사장으로서 개발도상국의 지역사회 개발이나 장애인 지원 등 다양한 협력 사업을 추진하고 있다.

국내 최고의 경제성장론자인 김광석 교수, 노동경제학의 대부인 전기호 교수, 농업경제학자이면서 경제학 전반에 걸쳐 이론과 실제를 정확하게 분석하고 함께 토론을 즐겨 했고 형으로 모셨던 이정용 교수, 재정학을 미시적으로 접근하여 새로운 지평을 연 전동훈 교수, 국내최고의 경제변동론자인 김민채 교수, 국내 최고의 화폐금융사학자인 이석륜 교수, 그리고 아버지처럼 따뜻하게 배려해 주셨던 현유학 교수, 형님처럼 의지했던 김신웅 교수 등 이들에게 학문을 사사(師事)받았고 그 이후에도 학문적·인간적 교류가 지속적으로 이루어져 많은 지도를 받으며 살아온 것은 내 인생에서는 빼놓을 수 없는 동인(動因)이 됐다. 그러한 기라성 같은 분들을 은사로 모실 수 있었기에 오늘의 황신모가 있었다는 생각에 깊은 감사의 말씀을 드린다.

특히 당시 서울 유수의 대학에서 전임교수를 할 수 있는 기회가 있었음에도 불구하고 1990년 9월 고향 청주의 청주대학교에서 교수생활을 할 수 있었던 것은 큰 행운이기도 했지만, 돌이켜보면 아주 후회가 없는 것은 아닌 것 같다.

청주대학교에 부임하면서 초기에는 훌륭한 제자를 양성해야겠다는 의지와 열정으로 열심히 연구하고 가르치고 지도했던 것으로 생각된다. 그때처럼 교수생활을 했으면 좋았을 걸 하는 후회가 없는 것은 아니지만, 1년 반 만에 학과장 보직을 맡지 않을 수 없었고, 그 다음 취업보도실장, 각 처장, 학장, 부총장, 총장을 맡은 것을 보면 인생은 자신의 뜻대로만 되는 것은 아니라는 교훈을 얻게 되었다. 다양한 보직을 수행하는 동안 괄목할 만한 성과도 있었지만, 자신의 아집이나 이해관계에 집착하여 보직을 수행하는 사람들이 주요한 역할을 맡게 되면 부정적 결과가 나온다는 사실도 깨달았다. 또한 그들은 그러한 결과를 책임지지 않고 다른 사람에게 전가한다는 게 커다란 문제였다. 난 다양한 보직을 수행하면서 이러한 사람들이 보직을 맡거나 책임 있는 자리에 앉아서는 안 된다는 교훈을 절실히 느끼게 되었다. 그러나 이러한 모든 것이 현재 인생 2막을 설계하고 행동하는데 밑거름이 됐다고 생각한다. 때문에 과거의 모든 것을 훌훌 털어버리고 긍정적인 부분만을 생각하고 제2의 인생을 달려가고 있다.

▲박사학위를 받고 지도교수 연구실에서 환담을 나누고 있다.

▲청주대학교 총장이란 자리는 나에게 '빛과 그림자'였다. 갈등과 대립, 반목으로 얼룩졌던 내분을 해결해야 했기에 어두웠지만, 소통과 통합으로 시너지를 발휘할 수 있는 기회는 분명 빛이었다. 그 경험은 현재 인생 2막을 준비하는 밑거름이 됐고, 충북교육을 견인하기 위한 발걸음에 초석이 될 것이라 생각된다.

혁신과 변화의 중심에 서다

'今日我行跡 遂作後人程(금일아행적 수작후인정)'

눈 덮인 들판을 걸을 때도 발걸음을 가벼이 하지 마라. 오늘 나의 발걸음은 언젠가 오게 될 누군가의 이정표가 되기 때문이다.' 라는 서산대사의 선시(禪詩)이다.

청주대학교 총장이란 자리는 나에게 '빛과 그림자'였다. 갈등과 대립, 반목으로 얼룩졌던 내분을 해결해야 했기에 어두웠지만, 소통과 통합으로 시너지를 발휘할 수 있는 기회는 분명 빛이었다. 대학의 내분사태를 조속히 해결하고 교수, 직원, 학생, 동문, 법인이 소통하여 역량을 결집하지 않는다면 주요 지역대학의 대열에 설 수 없다는 절박감이 엄습했다. 전국에서 경쟁력 있는 대학으로 발돋움하기 위해서는 교수와 직원들의 자발적인 의지와 역량을 강화하는 것이 급선무라고도 생각했다. 이를 강제로 또는 억지로 시켜서 하면 능률이 떨어지기 때문에 다른 대학에 뒤처질 수밖에 없다는 생각에 마음도 바빠졌다. 왜냐하면 많은 문제들이 발생했고 이를 더 이상 방치하거나, 나 자신의 안위만을 위해 대학을 운영한다면 또다시 부정적인 결과가 나올 것이라고 예상했기 때문이었다.

충청권에서 청주대학교가 충북대, 충남대와 삼각체제를 이룰 수만 있다면 경쟁력 있는 대학으로 우뚝 설 수 있다고 자신했다.

난, TFT를 구성하여 청주대학교가 이 두 대학보다 비교우위가 있는 부분이 무엇인가를 분석하고 이에 대한 매뉴얼을 만들고 전략을 짰다. 예를 들어 글로벌 경영학과를 설치하여 교과과정에 100% 영어로 강의하고 100% 장학생으로 운영하는 차별화 전략을 접목하려 했던 것도 그 때문이었다.

전체를 한꺼번에 다 할 수는 없지만 하나둘 단계적으로 특화시켜 나간다면 이들 국립대학과 어깨를 견줄 수 있다고 확신했다. 선도적인 학과가 선두에 서면 다른 학과로 파급효과가 확산될 것이라고 판단했다.

취업률을 높이기 위해 회사의 비즈니스 예절을 사전 교육하는 '가상기업 신입사원' 교육을 도입하기도 했다. 기업이 신뢰할 수 있는 인재를 길러내는 것이 목표였다.

대학 기획처장을 맡아 개혁을 주도할 때는 기획처 전체직원을 1명도 예외 없이 다 바꾸고 개혁 작업을 시작했다. 그 당시 청주대학교는 전국대학평가에서 매우 좋지 않은 평가를 받았던 때라, 이에 대한 대책으로 필자가 기획처장으로 가게 된 것이었다. 난 미래에 전개될 대학 간 경쟁시대를 미리 예상하고 철저하게 준비했다. 그러한 노력은 곧바로 결실로 이어졌다. 세계로 도약하기 위한 '글로벌 비전 2020'을 만들었고 새롭게 방향을 설정하고 장단기 목표를 세우고 실천한 것이 주효했다.

이러한 목표를 달성하기 위해 '중부권 최고 명문대학' 과 '글로벌 중심대학' 을 비전으로 정하고, 정밀한 전략과 정책을 세워 과감하게 실천해 나갔다.

그 결과, 청주대학교는 전국 종합대학평가 순위 8위를 기록하는 놀라운 기염을 토했다. 이는 의대 없는 종합대학 순위이다. 의대 있는 종합대는 여러 지표에서 유리하게 작용할 수 있는 점을 감안해 이들 대학을 제외하고 분석·평가한 결과이다. 의대 있는 종합대학을 포함한 전국 순위로는 32위를 기록했다. 이는 전국 의과대학 41개, 한의과대학 11개와 전국 국·공립 종합대학 24개, 그리고 수도권 종합대학을 망라한 순위이다.

이를 주관한 중앙일보가 전국 종합대학 122개 대학에 설문지를 보내고, 이에 응답한 92개 대학의 설문지를 확인, 분석한 결과였다. 이는 전국 250여개 4년제 대학

중 이들 평가지표로 비교평가가 가능한 대학을 선정하여 평가하기 때문에 이 순위는 전국 250여개 대학을 망라한 평가라고 할 수 있다. 청주대학교는 2006년 56위에 불과했지만, 2008년 32위로 크게 도약했다. 이 같은 평가결과는 대학주체인 대학, 교수, 직원, 학생, 동문, 법인 모두가 합심하여 이룩한 결실이었다.

젊은 교수시절 경제학과장으로 보직을 수행할 때는 청주대 경제학과가 전국에서 우수한 학과로 평가받았고, 취업보도실장을 맡아서는 국내 최초로 대학취업박람회를 개최해 학생들의 대량 취업을 지원하기도 했다.

우리는 오래 전부터 지식혁명시대를 맞아 각자 삶의 현장에서 치열한 경쟁을 경험하면서 생활하고 있다. 경쟁에서 승리하면 많은 이익을 가져다주지만, 경쟁에서 패배하면 그야말로 쓴맛을 봐야 하기 때문이다.

이러한 경쟁체제는 대학도 예외는 아니다. 대학에 입학하려는 학령인구가 급격히 감소하고 있기 때문이다. 대학은 오히려 더욱 치열한 경쟁에 노출돼 있다. 현재 대학정원은 초과 공급 상태이고 앞으로는 더욱 심각한 상황에 직면하게 된다. 때문에 경쟁에서 승리하는 대학은 미래가 보장되지만, 패배하는 대학은 다른 대학으로 합병되거나 도태될 수밖에 없다.

전북 남원의 서남대와 강원 동해의 한중대, 대구외대의 폐교사태가 이 같은 우려를 뒷받침해 준다.

게다가 앞으로 6년 뒤면 전국 곳곳에서 폐교하는 대학이 더 늘어날 것으로 전망된다. 전문대는 오는 2022년, 4년제 대학은 2024년부터 교교 학력인구가 급속히 감소하여 본격적인 '폐교 도미노현상' 을 맞을 수밖에 없기 때문이다. 이 시기는 '저출산 세대' 의 시작으로 분류되는 2002년생 이후 출생아들로 대학의 전 학년이 채워지는 때다. 2002년은 처음으로 한 해 출생아 수(49만 명)가 50만 명 밑으로 떨어졌던 해였다.

 따라서 대학의 이러한 미래를 예상하고 많은 보직을 거치면서 대학 구성원들에게 감성의 화합과 역량의 통합을 바탕으로 대학주체들의 모든 역량을 결집해 대학에 불어 닥치고 있는 폭풍을 극복하고 명문대학을 만들어야 한다고 주창했었다. 그리고 대학의 모든 시스템, 규정, 정책, 행정, 운용방식, 경영방식, 교수관계, 노사관계, 학생관계 등 대학에 있어서 기본패러다임이 근본적으로 변화해야 한다고 강조했다.

 대학구성원이 서로를 인정하고 존중하며 대학발전에 창의적으로 참여하는 대학, 산·학·연·관의 강력한 협력관계 구축을 통해 지역발전을 선도하는 대학, 많은 외국인 유학생과 함께 공부하는 글로벌 중심대학, 그리고 대학 구성원이 진정으로 자긍심을 갖는 대학을 만들기 위해 최선의 노력을 경주해 온 것도 그러한 교육철학에 기인한다.

 특히 총장에 취임한 후에는 구성원들의 의견을 최대한 존중하고, 민주적 논의를 거쳐 정책을 채택하고 곧바로 실행하는 '심부름꾼 총장'이 되겠다고 다짐했다. 어려운 학생들의 재정 부담을 최대한 줄여주기 위하여 학생장학금을 대폭 확충했고 캠퍼스 리모델링, 강의시설의 디지털시스템 구축 등을 통한 글로벌 학업환경을 높이는데 힘을 쏟았다. 학생들이 직업의 안정성을 중시하는 직업을 선호하는 경향을 반영하여 공무원합격 종합시스템을 구축하여 세부적인 프로그램을 운영하였고, 먼저 충북지역산업체와의 산학협력관계를 강화하고 그 다음 충청권기업, 경기권기업과 산학협력관계를 확대하는 등 전략적인 산학협력프로그램을 도입·운영하여 학생들의 교육·인턴·취업을 연결하는 종합산학협력시스템을 설계해 궁극적으로 학생들의 취업경쟁력을 높이기 위해 최선의 노력을 기울이기도 했다.

아울러 지역대학들이 지역발전을 선도해 나가야 한다고 생각했다. 지역 대학과 지역발전은 불가분의 관계에 있기 때문이다. 지역발전을 위해서는 지역의 대학들이 기업이나 각 기관에 인재를 공급해야 하고, 정책결정에 참여하는 한편, R&D(연구개발)를 통해 그 결과를 공급하고, 지역주민들에게 필요한 지적 욕구를 제공하는 선순환 구조를 구축해야 한다.

한편으로는 경영진의 역할이 무엇보다 중요하다는 점도 뼈저리게 절감했다. 경영자는 신뢰와 모함으로부터 분별력이 있어야 한다는 논거에 기인한다. 정책결정과정에서는 민주적 과정을 거치면서 여러 의견이 제시되고 이를 자유로운 토론을 통해 일단 결정되면, 이를 일관성 있게 지속적으로 추진해야 한다고 생각한다. 이를 추진하기 위해서는 추진동력이 필요하다. 이를 추진하면서 여러 의견이 개진된다고 해서 정책이 수시로 변화된다면 이들 정책의 신뢰성은 떨어지고 만다. 그래서 일단 결정된 정책에 대해서는 '습자지 귀'보다는 '말뚝 귀'가 필요한 세상이 빛나는 것도 그래서다.

청주대학교가 정부재정지원제한대학의 오명을 뒤집어쓰지 않기 위해 대학의 과감한 개혁과 정상화 대책을 강력히 천명했던 것도 그 때문이다. 보신(保身)만 생각했다면 직언이나 어려운 제언도 하지 않았을 것이다. 대학 정상화를 바라는 대다수 개혁마인드를 지닌 대학구성원들은 이러한 뜻을 직간접적으로 적극 지원해줬다. 그 당시 큰 틀에서 먼저 빠른 시일 내에 대학의 부정적 이미지를 불식하고, 동시에 매뉴얼에 따라 명문대학 만들기 프로그램을 가동해야 한다는데 대다수 대학주체들은 동의하고 있었다. 그래서 우리의 목표를 전국 4년제 대학 250여개 대학을 평가할 경우, 제1단계로 전국대학순위 40대권 진입이고, 제2단계로 30대권 진입이었다.

그러나 추진과정에서 여러 가지 난관이 산적해 있었고, 난 이러한 난관을 극복하지 못하고 좌절해야 했다. 개성이 강한 대학주체들의 이해관계로 얽히고 명분으로 얽힌 혼돈 속에서 추진동력 없이 개혁을 추진한다는 것이 참으로 어려운 일이었다는 점을 털어놓는다. 솔직히 많은 아쉬움이 있었지만 나의 개인적 명예보다 대학이 우선이라는 충정에서 결심을 했다.

이때 나에게 절실하게 교훈으로 다가온 두 글자가 바로 '진실' 이다. 진실은 신뢰가 바탕이 돼야 한다. 신뢰는 가정이나 조직, 인간관계의 기반이기도 하다. 그 속에서 정책을 도출하는 것이 공감능력이고, 그 과정이 소통인 것이다. 조직의 발전을 이끄는 진정성은 진실과 정성, 신뢰가 본디 뒷받침돼야 한다.

그래서일까, 나는 내 자신에게 엄격하다. 할 일이 생기면 일거리를 싸가지고 집에 가서 밤을 지새워서라도 끝내야 직성이 풀린다. 그렇다고 지독한 워커홀릭(일 중독자)은 아니다. 남에게 책임을 전가하거나 부담을 지우기 싫어하는 성격일 뿐이다.

이러한 개혁적인 성향을 인정해준 분들이 10여 년 전부터 정치권 입문을 권유했다. 특히 2014년 민선 6기 지방선거를 앞둔 시점에서는 압력으로 느껴질 정도로 권유가 심했다. 하지만 개인의 영달보다는 대학발전에 대한 사명감과 열망이 더 컸기 때문에 그러한 권유를 뿌리칠 수밖에 없었다.

이제라도 충청북도 교육감의 꿈을 품게 된 것은 그러한 바탕위에 '교육특별도 충북, 교육 1번가 충북' 을 실현하겠다는 일념에서 출발했다. 잘못된 것은 과감하게 개혁하고, 잘 된 것은 더욱 발전시켜 충북 교육을 정상화하기 위한 사명감의 발로(發露)이다.

예컨대, 교사의 자율적인 활동과 교권보장이 이루어지지 않으면 학생교육이 제대로 이루어지지 않는다고 생각한다. 따라서 교육자인 교사의 교사활동에 관련한 일체의 활동에 대해 자율성을 최대한 보장하고 동시에 교사의 교권을 명확히 보장하고 이를 지원하기 위한 가칭 '교사의 교권지원센터' 를 두고자 한다. 이념적 성향이 맞는 사람이나 가까운 사람을 우선적으로 인사하고 있는 내부형(무자격) 교장공모제는 근본적으로 개혁해야 한다. 안전 불감증, 환경 불감증에 젖어 이를 타개하는 데 미흡한 각종 정책이나 프로그램은 과감히 개혁하고 종합안전시스템과 쾌적환경시스템을 구축하여 세부적인 프로그램을 만들어 교사들과 학생들이 안전하고 쾌적한 환경에서 교육이 이루어 지도록 지원해야 한다. 일반계 고등학교나 특성화고, 특수학교, 국제고, 과학고, 외고, 예고 등은 각 학교의 장점을 최대한 살려 당초 설립취지에 맞도록 종합프로그램을 재설계하여 전폭적으로 지원할 수 있는 정책이 필요하다고 생각한다.

 이들 학교가 각자 개성을 가지고 제 색깔을 드러내지 못하고 있는 것도 문제이다.

우리나라는 자유민주주의 국가이다. 생산수단의 사유, 경제활동의 자유, 학문 활동의 자유, 유효경쟁의 보장 등 경제적으로는 자본주의이고, 정치적으로는 자유민주주의를 채택하고 있다. 이에 대한 이념 편향적 지식이 아니라 자유민주주의의 시민으로서의 자격을 갖추고 살아 갈 수 있는 민주시민교육이 필요하다고 생각한다. 결혼관에 대한 문제도 남녀가 사랑하고 결혼하여 가정을 꾸리고 자식을 낳고 한 가정을 이루면서 사는 것에 행복의 원천이 있다고 하는 정상적인 가정의 모델을 도입하여 어릴 때부터 행복가정에 대한 교육이 필요하다고 생각한다.

 경제나 금융에 대한 교육도 어린 시절부터 이루어져야 한다고 생각한다. 현재 우리나라가 가계부채 약 1,500조원에 달하여 많은 가정이 붕괴될 위험에 처해 있고, 국가부채도 심각한 수준에 도달할 것이라는 전망을 보면, 합리적인 경제활동에 필요한 경제·금융 지식에 대한 교육이 이루어져야 한다고 생각한다.

 따라서 그동안 교육에 대한 경험과 행정경험, 다양한 언론활동과 사회활동의 경험을 통하여 체득한 경륜을 충북교육의 정상화를 위해 최대한의 노력을 경주하겠다고 다짐하고 있다.

 교육을 책임질 사람으로서의 자질과 소양, 능력, 그리고 리더십을 철저히 준비해 왔다. 이를 통하여 충북교육을 혁신하여 충북교육을 정상화하고 획기적으로 발전시켜 나가는 한편, 충북교육의 변화를 주도할 수 있는 정상교육종합시스템과 학력신장종합시스템을 만들어 '교육특별도 충북, 교육 1번가 충북'을 반드시 실현하겠다는 게 필자의 꿈이다.

 '낡은 말뚝도 봄이 돌아오면 푸른빛이 돌기를 희망한다.'는 속담이 있다. 멍들고 상처 입은 도민과 학부모들의 가슴에도 봄 햇살이 내려쬘 때, 비로소 버들잎도 가지마다 푸르고 복숭아 꽃 또한 송이송이 붉게 피어날 수 있다. 그리해야 '봄이 오니 진정 봄 같다.'는 춘래여진춘(春來如眞春)을 실감할 수 있을 것이다.

교육특별도 충북을 향한 발걸음

교육은 국가의 백년대계(百年大計)다. 인재를 키우는 일은 그만큼 오래 걸리고 중요하기 때문에 일컫는 말이다. 그러나 우리의 교육정책은 어떠한가. 정권이 바뀔 때마다, 장관이 바뀔 때마다, 교육감이 바뀔 때마다 정책도 바뀌고 계획도 뒤틀리기 일쑤였다. 이처럼 혼선이 계속되는 것은 미래 비전과 철학이 부족했다는 증거다.

청풍명월(淸風明月)의 고장인 충북은 예로부터 '교육의 도시'로 불리고, 도민들의 자긍심도 컸다. 그런데 언제부턴가 '교육의 도시'라는 용어가 자취를 감추고 말았다.

충북은 전국적으로 볼 때 자살률, 교통사고율, 성폭력 발생률, 안전사고율, 인권유린 발생률, 강력범죄 발생률 등이 여타 시·도에 비해 상대적으로 높다는 언론 보도가 잇따르고 있다. 학생들의 학력평가도 최상위 수준이었으나 최근 들어 하위권 수준으로 추락했다는 지적도 나온다. 급기야 젊은 부부들이 자녀들의 교육을 위해 외지로 이주하는 현상까지 초래하고 있다.

따라서 한쪽으로 치우친 편향된 인사나 방만한 학교 운영을 바로잡고, 보편타당하고 합리적이고 정당성을 기초로 제자리를 찾을 수 있도록 해야 한다.

특히 우리 충북지역 학생들의 학력은 전국 하위권 수준이고 교육가족의 갈등은 심각한 국면이 이르렀다. 때문에 이념에 매몰돼 한쪽으로 편향된 교육을 개혁하고 인사 문제 등 행정시스템을 대대적으로 개혁하지 않으면 안 되는 절체절명의 시점에 다다랐다.

무엇보다 타 지역으로 인재가 유출되지 않도록 힘써야 한다. 오히려 다른 지역의 학부모들이 자식들의 교육을 위해 우리 충북으로 이주해 올 수 있는 경쟁력 있는 글로벌형 종합교육시스템을 마련해야 한다.

필자가 틈나는 대로 뉴욕이나 도쿄, 파리, 런던, 베를린, 빈 등 세계 선진도시의 교육정책을 벤치마킹하기 위해 발품을 팔았던 것도 세계적인 도시의 현장과 역사, 삶에 녹아있는 교육철학을 몸으로 직접 느끼고 우리의 교육현장에 접목하고 싶어서였다.

작금의 교육환경은 지식산업시대, 아이디어 · 기술 · 상품 · 지식의 융합시대, 제 4차 산업혁명시대가 도래하면서 급속히 변화하고 있다. 우리나라는 물론 세계 선진 각국도 마찬가지다.

우리 충북도 이러한 시대적 흐름에 맞춰 새롭게 변화해야 한다. 이대로 수수방관한다면 충북교육은 끝 모를 나락으로 추락할 수밖에 없다는 우려감도 팽배해지고 있다. 충북교육 전체를 손보고 개혁해야 하는 이유다.

먼저, 충북교육 가족이 변해야 하고, 충북교육시스템이 변해야 한다.

지난 30여 년 대학에서 학생들을 가르치고 다양한 행정경험을 쌓은 노하우를 바탕으로 충북교육의 패러다임을 새롭게 만들어 나가려 한다.

교육감 선거에 출마하면서 △제4차 산업혁명시대를 준비하고 주도할 창의적 인재 양성 교육시스템 구축 △비정상적이고 비합리적인 교육 및 행정시스템의 과감한 개혁 △교사의 기(氣)살리기 운동 전개와 이의 지원대책 △종합안전시스템과 쾌적 환경시스템 구축 △학교 시설의 미래 다양성 교육을 위한 창의적 공간으로의 변화

△혁신학교(행복씨앗학교) 운영 시스템 개혁과 공교육 활성화 대책 마련 △내부형 교장 공모제도의 개혁 △친환경 고교 무상급식 시행 △자유민주주의·결혼·금융·경제·세계화에 따른 교육시스템 구축 △교사·학부모·학교운영위원회, 지역사회와 교육청이 참여하는 (가칭) '충북교육개혁발전협의회' 구성 등 10대 공약을 제시한 것도 그 때문이다.

'교육특별도 충북, 교육 1번가 충북' 의 기치는 그냥 이뤄지지 않는다. 충북교육을 과감히 혁신하고 교육의 기본 패러다임을 새롭게 만들어 나갈 때 성취할 수 있다. 교육은 우리 국민들이 가장 관심을 갖는 분야이고, 국가적으로도 국가의 백년대계를 좌우하는 중요한 과제이다. 교육은 한 가정의 입장에서는 내 아이를 키우는 문제이고, 사회나 국가차원에서는 미래세대, 즉 국가의 인재를 키우는 일이다. 교육은 특히 정책을 수립하고 추진하는 과정에서 교육현장의 요구와 의견을 충분히 수렴해 국민적 공감대를 형성하는 것이 무엇보다 중요하다. 교육은 학부모와 학생, 교사와 교직원 등 모든 국민이 당사자이기 때문이다. 그런 까닭에 교육개혁의 성공은 교육의 주체인 교사, 학생, 학부모, 지역사회를 비롯한 국민의 공감을 얻는 게 중요하다. 아울러 정책에 대한 신뢰와 정책의 결정 과정에서 폭넓은 공감대가 이뤄져야 성공할 수 있다. 특히 저출산과 고령화에 따른 인구구조의 변화 및 4차 산업혁명과 같은 외적인 환경, 우리 국민의 수준 높은 역량과 에너지, 교육개혁에 대한 강력한 요구 등을 감안한 단기 및 중장기 교육 비전을 수립하고, 이를 적극 실천해 나가야 한다.

이제라도 교육이 더 이상 걱정과 불안의 대상이 되면 안 된다. 국민이 국가를 걱정할 것이 아니라 국가가 국민을 걱정해야 하고, 일선 시·도 교육청이 올곧은 정책 추진을 뒷받침하도록 해야 한다.

 학생들이 교육현장에서 행복을 느끼는 즐거운 학교, 공부하고 싶어 하는 학교를 만들어야 하고, 교사들은 학생을 교육하면서 보람을 찾을 수 있도록 하여야 하며, 학부모는 안심하고 교육정책에 공감하고 적극 응원하는 교육환경을 만들어야 나가야 한다.

'교육특별도 충북, 교육 1번가 충북'을 향한 발걸음은 그래서 중요하고, 그래서 꼭 달성해야 할 '백년지대계(百年之大計)' 인 것이다.

물질유한, 지혜무한

영도 스님의 법어집 '명주' 의 "마음아 마음아 너 지금 어디에 있느냐?" 편을 보면 사람의 얼굴을 얼굴로 부르게 된 자원(字源)이 나온다. 본래 얼굴이란 단어의 어원은 '얼꼴' 이었다고 한다. 얼이란 흔히 민족의 얼, 조상의 얼로 표현하는 것처럼 이른바 혼(魂)을 말하며 꼴이란 보통 꼴아지, 꼴값, 꼴불견 할 때 쓰는 어떤 모양을 뜻한다.

이처럼 얼꼴은 혼의 모양, 정신의 모양을 일컬었는데, 억양이 너무 딱딱해 언제부턴가 얼골로 발음하던 것을 얼굴로 부르게 되었다고 한다. 얼굴에는 그만큼 세상의 이치는 물론 인생의 삼라만상(森羅萬象)이 다 담겨 있는 셈이다.

그만큼 인생을 살아가면서 얼굴에 책임을 져야 한다는 생각이 강렬했다. '물질유한(物質有限), 지혜무한(智慧無限)' 을 좌우명으로 삼아 말 한마디, 행동거지 하나하나에 조심했던 것도 그 때문이었다. 이는 물질은 유한한 가치를 지니지만 지혜는 무한한 가치를 지닌다는 의미이다. 지혜란 아이디어, 정보, 지식, 인격에다가 플러스 알파를 포함한다. 이 좌우명을 끊임없이 생각하고 있고, 그 의미를 되새기면서 살아가고 있다.

얼굴에 책임을 지기 위해서는 정직하고 진솔하며, 부지런해야 하지만 무엇보다 지식뿐만 아니라 인격이 높은 지혜로운 사람이 되어야 한다고 생각했다. 물질의 가치는 생명이 있지만, 지혜의 가치는 수명이 없다는 진실에 근거한다. 지혜는 지식과 아이디어, 정보와 인격 등을 총망라한 것으로 '물질유한, 지혜무한' 은 우리 가족이 늘 가슴 속에 새기면서 살아가는 가훈이기도 하다.

자식들에게도 늘 책을 읽어야 한다고 당부했다. 자녀들이 모두 '독서광' 이 된 것도 그런 연유에 기인한다. 건전한 독서습관을 길러 삼매경에 빠졌던 아이들이 고맙게도 모두 잘 자라줘 큰딸은 피부과 전문의, 큰아들은 변호사(개방형직위 공무원)로 활동 중이다. 특히 말썽을 많이 피웠던 늦둥이 막내아들도 이제는 아버지에게 교훈을 줄 만큼 컸는데 이번에 늠름한 대학생이 됐다. 자식들이 건강하고 자기 몫을 다 한다고 생각하니 감사하고 또 감사할 따름이다.

'한 송이의 국화꽃을 피우기 위해/ 봄부터 소쩍새는/ 그렇게 울었나보다/ 한 송이의 국화꽃을 피우기 위해/ 천둥은 먹구름 속에서/ 또 그렇게 울었나보다/ (중략…) 노오란 네 꽃잎이 피려고/ 간밤엔 무서리가 저리 내리고/ 내게는 잠도 오지 않았나보다.'

서정주 시인은 '국화 옆에서' 란 이 시를 통해 소쩍새의 슬픈 울음도, 먹구름 속에서 울던 천둥소리도, 간밤에 내린 무서리도 모두 '한 송이의 국화꽃' 을 피우기 위한 산통으로 풀어냈다.

우리는 이 시를 통해 한 생명체의 신비성을 감득할 수 있다. 한순간, 한걸음, 한마디에도 신중을 기하라는 가르침을 떠올릴 수 있도록 해주는 덕목이어서 더 가슴에 와 닿는다.

빈자리

정치를 거론할 때 가장 많이 쓰이는 일화 중 하나가 상앙의 '이목지신(移木之信)'이다. 중국 진나라의 재상으로 부임한 상앙이 나라의 기강이 서지 않는 이유를 알아보니, 백성들의 불신이 그 원인이었다. 그래서 궁궐 앞에 나무를 세우고 나무를 옮기는 사람에게 백금을 주겠다는 방문(榜文)을 붙였다. 그러나 나무를 옮기는 사람은 아무도 없었다. 그래서 상금을 천금으로, 또 다시 만금으로 올렸다. 그러던 중 어떤 이가 장난삼아 나무를 옮겼다. 그랬더니 정말 방문에 적힌 대로 만금이 하사됐다. 그 후, 진나라는 백성들의 신뢰를 토대로 부국강병을 이뤄 마침내 중국을 통일했다.

'무신불립(無信不立)', 즉 신뢰가 없으면 나라가 설 수 없다는 것을 보여준 대표적인 일화다.

그만큼 바른 정치를 위해서는 예나 지금이나 백성의 신뢰를 으뜸으로 꼽는다. 동서고금을 막론하고 신뢰는 변하지 않는 금언(金言)이다.

우리 사회는 그동안 민선 지방자치를 통해 민주주의의 새로운 지평을 열어가고 있다. 그러나 온전한 지방자치를 통한 민주주의의 정립은 현재도 진행형이다. 지방자치를 고려하지 않은 중앙집권적 발상에서 나온 정책결정이 잔존하고 있고, 중앙정치에 있어서 중앙집권시대의 유물인 이분법적 논쟁이 끊임없이 전개되고 있다.

그나마 지방자치를 통해 그동안 누적된 중앙집권시대의 부정적 유산을 청산하거나 극복하려는 과정에 있고, 지방자치시대를 열어가는 과정에서 지방의 자율성과 창의성을 창출하는 등 각고의 노력을 통해 지역발전을 도모하고 있는 것은 다행이라 생각한다.

우리 사회에서 지방자치제가 정치적·경제적·사회적·문화적 격변 속에서 세계화 흐름에 발맞춰 '지방화 시대, 세계화 시대' 의 자율성과 자치성을 키우며 지역발전을 선도해 나가고 있는 것도 변화의 가능성을 읽을 수 있는 대목이다.

지역주민의 자치역량을 강화하고 자치행정의 비효율성을 줄여가면서 지역주민의 삶의 질을 높여나가고 있는 것도 다행이라면 다행이다.

그러나 지방자치를 구축하는데 대단히 중요한 의제들마저도 당사자인 지역주민들은 배제되고 행정은 중앙정부 중심, 정치는 국회 중심으로 논의가 전개되다 보니, 중앙과 지방이 의사소통과정에서 불통이 되고 있는 점은 시급히 개선해야 할 숙제다.

민선 지방시대에 나타난 가장 큰 문제점은 지방자치 단체장이나 지방의회 의원들이 지역주민의 이익을 위한 정책을 제안해야 하는데도 불구하고 상당한 정도의 정책들이 표를 의식한 정치적·정략적 사업들에 치우쳐 국가자원과 국민세금을 낭비하고 있다는 점이다.

또한 지방자치 단체장과 지방의회 의원들의 부정과 비리가 끊이지 않아 지역주민들에게 실망을 초래하는 한편, 지방자치와 지역정치가 지역주민들에게 냉소와 무관심의 대상으로 전락한 것은 지방자치 발전을 가로막는 저해요인이 되고 있다.

그동안 6차례의 지방선거는 풀뿌리 민주주의로 나아가기 위한 긍정적인 측면에도 불구하고, 정당공천제에 발목이 잡혀 지방자치의 상당부분이 실종되고 여전히 중앙권력에 대한 예속화를 초래하고 있다.

 또한 지방자치 단체장에게 막강한 권력이 주어져 이의 전횡을 제대로 감시 · 견제하지 못하고 있으며, 지역주민의 참여는 지방자치단체장의 '들러리' 정도로 허용되는 후진성을 면하지 못하고 있다.

 무엇보다 우리나라의 망국병인 '수도권공화국' 이라는 현실은 국가균형발전의 강력한 저해요인으로 작용하고 있다. 그래서 지방분권, 국가균형발전을 시행하여 본격적인 지방자치시대를 열려고 하는 것도 대통령의 권한 집중과 중앙의 권력집중, 수도권 1극체제라는 비민주적인 요소를 극복하고 지역주민에게 권한과 권력을 주어 본격적인 민주주의를 시행하려는 것이다.

 우리의 선거판이 전혀 사실이 아닌 일이나 상대방의 거짓 허물을 공격해 망신을 주는 디스 리스펙트(disrespect, 무례)가 판치고 있다는 점도 커다란 문제가 아닐 수 없다.

 필자도 최근 충청북도 교육감 선거 출마를 공식화한 뒤 재혼에 대한 사적인 부분을 터무니없는 거짓으로 날조하는 한 후보 때문에 속앓이를 한 적이 있다.

 흔히 '느림의 미학' 이라 일컬어지는 충청도 말투는 단출하면서도 간단명료하다. 그러나 충청도의 느릿하면서도 간결한 토어(土語)에는 걸쭉한 탄식이 묻어있다. 영 · 호남의 틈바구니에서 대권 한 번 잡아보지 못한 채, 늘 '2인자'에 만족해야 했던 충청도이기에 그러하다.

 그러면서도 남이 잘 되는 꼴은 못 보고, 투서가 가장 많은 곳도 충청도라고 한다.
 '얼어 죽어도 곁불은 안 쬔다.' 는 양반의 고장이지만, 선거 때만 되면 모리배가 판치는 곳이기도 하다. '선거 한 번 치렀더니 후보는 물론 온 가족이 발가벗겨 지더라.' 는 어느 한 단체장의 얘기는 그만큼 체면도 얼어 죽은 지 오래라는 사실을 뒷받침한다.

 필자는 2003년 아내가 3년간의 암 투병 끝에 이승을 등지는 뼛속깊이 사무치는 남모를 아픔을 겪어야 했다. 이러한 사태가 나에게 닥칠 줄은 꿈에도 생각하지 않았다. 그러나 그것은 현실이었다. 그 후 6년간 생살을 도려내는 절망감에 휘청거리면서도 자식들에게는 무한책임을 져야 한다는 아버지의 책임감으로 홀로 아이들을 키우며 아침밥을 해주고, 입는 옷에도 신경을 써줘야 했고, 막내는 어린 탓에 잠자리에도 신경을 썼고, 그리고 세 아이들 교육에 정성을 쏟아야 했다. 이러한 일상에서 약간의 행복감에 젖어들 때도 있었지만 실제로는 눈물겨운 생활의 연속이었다. 대학에서 학생들을 가르쳐야 하고 연구해야 하고, 또한 보직을 맡고 있는 터라 보직교수로서의 업무를 하느라 너무나 고달픈 생활의 연속이었다. 이러한 생활을 하는 과정에서도 언론 등 여러 매체에서 들어온 원고를 썼고, 방송을 했고 시민사회단체 활동을 했다.

 이러한 경험 탓에 요즘 뜨는 셰프(chef)만큼의 거창한 요리 실력은 아니지만 웬만한 반찬과 요리는 척척할 수 있을 정도는 됐다. 아이들에게 손칼국수 요리는 일품으로 통할 정도다. 그렇게 아이들을 키우면서 어려움도 이만저만이 아니었다. 이러한 저의 사생활에 대한 얘기는 이 자리에서 처음으로 밝히는 것이다. 제가 부족하고 부끄러움이 많은 탓에 개인적인 사생활에 관한 것은 가까운 사람과도 거의 얘기를 하지 않고 살았던 것 같다. 이와 같은 상황을 가까운 친지나 직장동료들도 몰랐으니 말이다.

 아내가 홀연히 떠난 빈자리는 너무도 컸다. 한참 감수성이 예민할 때 어미를 잃은 아이들을 바라보며 속절없이 눈물도 많이 흘렸다. 나에게 왜 이런 시련이 닥쳤나하는 탄식에 하늘에 대해 원망도 했다. 아내의 임종을 지키면서 바쁘다는 핑계로 지

아비의 도리를 다하지 못한 지난날을 후회하며 자책하기도 했다.

 아내가 떠나는 날, 시계추를 되돌릴 수 없는 인간의 나약함에 몸서리를 치며 울었던 기억이 난다. 난 평생 학문과 사회활동에만 매달렸던 지난날의 원죄를 아는지라, 두 아이 뒷바라지에 교사생활을 하면서 특히 연구활동에도 열정을 쏟았던 아내에 대한 회한이 심신을 짓눌렀다.

 아내는 고등학교 교사였는데, 학생교육은 물론이고 고교의 교육체계에 관심이 많았다. 그는 연구과제로 1고등학교에 일반계고 교육과 실업계고 교육을 동시에 시행하는 종합고등학교 모델을 최초로 제시하여 대통령상을 수상한 것으로 기억하고 있다. 나도 이 연구에 간접적으로 참여하여 도와주었던 기억이 생생한데, 이때 연구모임을 만들어 여러 전문가들이 함께 연구를 진행했는데, 교육부에서도 전문가가 항상 참여하여 이 연구를 함께 했던 것으로 기억된다. 이 모델은 실제로 교육부에서 주관하여 전국적으로 여러 개의 시범학교를 지정하여 현장 실험을 하였고 현재도 시행되고 있는 것으로 알고 있다. 이러한 각종 연구활동에 교사생활, 엄마역할에 집중하다가 병을 얻었고 이를 치료하는 중에도 이 연구들을 접지 않고 계속적으로 진행하다가 이승을 등지고 말았다.

 이후 우리 가족들에게는 말로써 형언할 수 없는 슬픔이 상당기간 지속되었다. 그러나 딸도 아들도 그 슬픔을 드러내놓고 표현하지 않으려 애쓰는 모습이 역력했다. 다만 5살 된 막내아들만이 불만을 표현할 뿐이었다. 어느 정도 기간이 흘렀을 때 나는 정신을 차리지 않으면 안 된다고 생각했다. 아이들의 학업에 대한 걱정이 엄습했다. 당시 의대생이던 딸과 고3인 아들의 마음을 헤아려서 이전과 같이 학업을 계속시켜야 한다는 생각에 잠을 이루지 못했다. 다행히 딸도 아들도 이전의 상태는 아니었지만 상당한 수준으로 마음을 회복하여 학업에 열중했다. 이 자리를 빌어 아이들에게 감사의 마음을 표현하고 싶다. 이러한 마음을 표현하는 것도 이 글을 통해 처음이다.

다행히 아이들이 피부과 전문의로, 변호사로, 막내는 늠름한 대학생으로 훌륭히 커 준 덕에 먼저 떠난 전처에 대한 고마움과 그런 자식들을 가슴에 품어준 지금의 아내에 대한 미안함이 항상 가슴깊이 뭉클거리고 있다.

▲한참 감수성이 예민할 때 엄마를 하늘나라로 떠나보내는 천붕지괴(天崩地壞)의 아픔 속에서도 밝고 곱게 자라 지금은 의사로, 변호사로 활동하고 있는 아이들에 대한 고마움이 그래서 더욱 크다.

아내의 투병생활 3년간은 온 가족의 간병생활로 이어졌고, 그 후 6년여를 홀로 살다가 가족들과 주변의 권유로 재혼했다. 아내는 저에 대한 측은지심 때문에 만났다고 한다. 그런데 선거판에 뛰어들었더니 "지금의 아내와 바람을 피워 전처가 화병으로 죽었다." 는 해괴망측한 소문을 내는 사람이 있다는 얘기까지 듣게 됐다.

이외에도 도저히 이해할 수 없는 괴이한 얘기를 만들어 퍼뜨리고 있는 것을 보면 한마디로 말문이 막히고 기가 찰 노릇이다. 이것을 만들어 퍼뜨리는 사람이 누구겠는가. 이는 현재로 볼 때, 이 해괴망측한 얘기로 인해 이득을 취하게 되는 사람이 바로 소문의 당사자인 것이다. 참으로 한심한 작태라 하지 않을 수 없다.

이러한 사람이 어떻게 교육을 책임질 수 있는 사람이 되겠다고 나섰는지 생각하니 씁쓸할 따름이다.

예로부터 절제할 줄 아는 혀는 최상의 보배이며, 부드러운 혀는 인간에게 부여한 최대의 기쁨이라고 했다. 하지만 혀의 마력은 가장 위험한 것이기도 하다는 것을 깨닫고 있다.

 어리석은 자는 자기 마음을 혓바닥 위에 두나, 현명한 자는 자기 혀를 마음속에 둔다고 했다. 더 이상 세치 혀를 함부로 놀려 다른 사람의 가슴에 못을 박는 행위는 삼가는 것이 좋겠다는 생각이 든다. 겉으로는 양의 탈을 쓰고 속으로는 해괴망측한 일들을 자행한다면 참으로 개탄할 일이 아닐 수 없다.

 세상엔 빛과 어둠이 공존한다. 빛이 강하면 그림자도 짙은 법이다. 그림자가 되지 않기 위해 빛만 따라갈 수는 없다. 그렇다고 그늘에 숨어 적당히 운신할 수도 없다.

 남을 헐뜯고 중상 모략하는 선거문화는 사라져야 한다. 그리고 이러한 사람도 이제는 사라져야 한다. 불신과 반목을 선동하는 후진적 정치문화는 사라져야 한다.

 현재의 끝은 과거다. 오늘은 '어제'가 되고 '그제'가 된다. 대립과 반목으로 어제와 오늘, 내일까지 얼룩지게 해서는 안 된다. 이제 어제를 거울삼아 미래로 나아가야 한다. 어제와 현재의 교훈은 미래의 나침반이 된다. 따라서 우리는 역사를 배우는 것이고 역사 속에서 우리는 진실한 교훈과 지혜를 얻게 되는 것이다. 이 바탕에서 우리는 미래를 향해 전진하는 것이다.

▲하늘이 무너지고 땅이 꺼지는 엄마 잃은 슬픔을 딛고 학업에 열중하면서 올곧게 성장해 주길 바라는 부성(父性)을 기꺼이 받아 준 아이들과 대만으로 여행을 떠났던 기억이 새롭다.

교육에 대한 단상(斷想)

        '한 아이를 키우려면 온 마을이 필요하다.'는 아프리카 속담이 있다. 아이를 키우는 일이 그만큼 쉽지 않다는 것을 의미한다. 아이를 잘 키우기 위해서는 마을 주민 모두가 나설 정도로 지대한 관심이 필요하다는 역설이기도 하다.

 OECD(경제협력개발기구) 보고서에 따르면 2015년 한국의 공교육비 규모는 GDP의 6.3%로, OECD 평균 5.2%를 훌쩍 뛰어넘을 정도로 교육열이 뜨겁다. 엄청난 사교육비를 감안하면 가히 세계 최고 수준이다.

 어릴 적부터 학교가 끝나면 학원으로, 또 다시 과외로 내몰리다 파김치가 되어 집으로 돌아오는 게 우리 아이들의 일상이 된지 오래다. 영어·수학 학원을 전전하고 과외 학습에 피아노, 미술, 태권도, 검도, 합기도에 이르기까지 배우는 과목도 한두 가지가 아니다.

 그런데도 초등학교 6년, 중·고등학교 각 3년, 대학 4년을 졸업하고도 영어회화조차 못하는 이들이 더 많다는 점이 문제다. 조기 유학, 영어마을 등 기발하고 뜬금없는 각종 교육책이 등장했는데도 잉글리시 대신 콩글리시만 늘고, 유창한 회화보다 몸짓·발짓으로 대신하는 보디랭귀지만 현란할 뿐이다.

 늘 입시에 매달려 암기 위주, 주입식 교육에만 매달린 탓이다.

 애초부터 인성이나 됨됨이를 가르치는 것은 뒷전으로 밀려나기 일쑤였다. 대학을 졸업해도 사찰에 쓰인 현판은 물론, 액자나 비문에 새겨 있는 한자도 제대로 읽지 못한다.

우리의 교육정책이 얼마나 엉뚱한 곳에서 헤맸는지 알 수 있는 대목이다.

필자는 이제라도 학생들이 자신의 '끼'를 마음껏 뽐낼 수 있는 '터'를 만들어주는 것이 진정한 교육이라고 생각한다.

무조건 대학을 가라고 강요하기보다는 내가 걷고 있는 길이 내 길이 아니거든 언제라도 돌아설 수 있는 용기를 가르쳐 줘야 한다. 돌아서는 것과 포기하는 것은 엄연히 큰 차이가 있다. 무조건 그 길을 가야한다고 강요하다보니 성인이 돼서도 엇나가는 것이다.

꿈, 사랑, 인간관계, 가족, 우정을 생각할 겨를도 없이 입시에 내몰다보니 교실에서는 웃음을 찾을 수 없고, 그런 교육을 해야 하는 선생님들의 얼굴에도 미소 대신 냉소가 흐르게 된다.

무조건 하라 마라 할 것이 아니라 어디부터 잘못돼 있는지 원인을 찾아야 한다. 암기 위주, 강제적인 학습은 동기를 떨어뜨릴 뿐이다.

정치권도 선거철마다 사교육을 받지 않고도 얼마든지 대학에 갈 수 있는 공교육을 강화하겠다고 외쳐댔지만, 학생들은 입시란 관문 앞에 놓여 있는 고통의 늪에서 늘 허우적거려야 했다. 아이 낳을 마음이 없는 세대들에게 아이를 낳으라고 각종 회유책을 제시하기 보다는 이미 낳은 아이를 건강하게 잘 키울 수 있는 교육여건을 만들어주는 게 필요하다.

입학정책의 잦은 변경도 우리 사회가 그동안 안고 있던 병폐 중의 하나다.

물론, 정책이란 당연히 변경해야 하는 것도 있고, 잘못된 제도는 바꿔야 한다. 그러나 잦은 정책 변경이나 제도 변화는 학생들의 자율을 침해하고 혼선을 초래해 또다른 부작용을 초래하기 마련이다. 수능등급제를 도입했다가 폐지하고 입학사정관제를 시행했다가 없애고, 유형별 수능영역을 설정했다가 바꾸는 잦은 정책변경의 폐해는 고스란히 학생들에게 전가되고, 학부모들에게도 혼란을 가져다주기 일쑤였다.

정책과 행정은 신뢰를 바탕으로 지속성이 담보돼야 한다. 새로운 정책을 불쑥 내밀었다가 반발이 심하면 물러서거나 슬그머니 백지화하는 헛발질이 우리 학생들에게 얼마나 고통을 안겨주는지 왜 모른단 말인가.

필자는 한 마디로, 교육을 통해서 충청북도의 낙후된 현실을 타개하고 미래로 나가야 한다고 생각한다. 한때는 교육의 도시, 교육의 명가로 불렸던 충북의 현실을 걱정하는 이들의 목소리를 더 이상 외면해선 안 되는 이유다.

교육이 바로 서야 충북이 살 수 있다. 교육 현장에서 선생님들이 자존감과 자긍심을 갖고 신명나게 학생들을 가르칠 수 있는 환경을 만들어줘야 한다. 학생들이 아침에 집을 나설 때 즐거운 마음으로 학교에 갈 수 있는 '행복한 교실' 을 만들어 줘야 한다.

▲청주대 총장 재임시절. 학생들과 행복한 상아탑을 만들기 위한 꿈과 비전에 대해 이야기를 나누던 때가 무척이나 그립다.

그러기 위해서는 충북교육을 기본과 상식, 원칙이 지켜지는 가운데서도 서로를 이끌어주는 줄탁동시(啐啄同時)의 환경을 만들어줘야 한다. 예컨대, 교사는 학생들에게 지식과 인성, 창의력을 키워줄 수 있도록 열심히 가르치고, 학생들은 그러한 스승의 가르침을 즐거운 마음으로 배울 수 있도록 해야 충북 교육이 정상적인 길로 나아갈 수 있다.

특히 예전과 달리 "교사하기 힘들다." 는 하소연이 여기저기서 들리지 않도록 하는 것이 급선무다. 교권을 침해당하는 선생님이 없도록 하고, 학생들도 신바람 나게 공부할 수 있도록 하려면 학생들의 인권과 교권이 조화를 이룰 수 있도록 해야 한다.

인성과 실력을 함께 기르는 학교, 학생과 선생님이 함께 행복한 학교를 만들어야 충북 교육의 위기를 타개해 나갈 수 있다. 충북교육의 변화를 갈망하는 분들이 저에게 주문하는 말씀도 "이대로는 안 된다" 는 것이 한결같은 당부였다.

필자 역시, 그 분들의 부름에 화답하는 길은 겸손과 섬김, 경청과 소통을 통한 공감의 교육정책을 추진하는 것이라고 생각한다. 그러한 교육 개혁의 필요성을 가슴에 품고 행동에 옮기는 '변화의 전도사', '혁신의 아이콘' 이 되기 위해 게으름을 피워서는 안 된다는 다짐을 깊이깊이 되새기며 새벽을 맞이하는 이유이기도 하다.

통일에 대한 소고(小考)

2018년은 한국전쟁이 발발한 지 68년이 되는 해이고, 임진왜란이 일어난 지 425년이 되는 해이다. 두 전쟁은 4세기라는 먼 상거(相距)를 두었으나 서로 닮은 부분이 적지 않다.

우선, 머잖아 전쟁이 일어날 징후가 감지됐음에도 불구하고 제대로 대처하지 못했다는 사실이다. 조선 조정은 외침에 대비하기 위해 일본의 사정에 밝은 대신들을 뽑아 충청·전라·경상 등 3도를 방어하는 임무를 맡겼다. 그러나 태평성대가 오래 이어진 터라, 상당수 관료들은 남의 일로 치부했고, 백성들은 노역을 꺼렸다. 임진년 봄에는 신립과 이일, 두 장수로 하여금 지방의 군비를 돌아보게 했는데, 각 군읍에서는 문서의 형식만 갖추어 책임을 회피하는데 급급했다. 유성룡의 '징비록'을 보면 당시의 한심했던 상황이 생생히 기록돼 있다.

해방 후 대한민국 정부는 소련제 야크 전투기와 탱크, 야포로 무장한 북한군의 남침이 임박했다는 사실을 감지하고도, 고작 연습용(?) 비행기와 장갑차 몇 십대, 카빈 소총을 들고도 큰 소리를 쳤다.

"명령만 내리면 아침은 개성에서, 점심은 평양에서, 저녁은 신의주에서 먹을 수 있다." 고 너스레를 떤 것과 달리, 개전 사흘 만에 서울은 붉은 깃발로 펄럭였다.

둘째, 전쟁 발발 후 패색이 엿보이자 집권자들이 가장 먼저 수도를 버리고 도망쳤다는 사실이다. 군이 한양에 입성하기도 전에 선조 임금이 파천의 길을 떠난 것도

6.25 한국전쟁의 원인도 닮은꼴이다. 스탈린의 사주아래 김일성이 남침했다는 사실은 문서기록으로도 명백하게 드러나 딴소리가 나올 수 없지만, 남한 내부의 정치적 다툼으로 말미암은 혼란이 침략의 빌미를 제공한 측면이 없지 않기 때문이다.

그만큼 정상의 위치는 백성의 생사기로까지도 가늠 짓는 중요한 존재다. 물론 정상의 위치에 있는 수장은 항상 쫓기기 마련이다. 경계해야 할 것도 많고 판단을 흐리게 하는 간신들이 주변에 들러붙어 판단을 흐리게 하는 경우가 많다.

그러나 대한민국은 그러한 전쟁의 폐허를 딛고 반세기만에 세계 10위권의 경제대국에 진입하는 기적 같은 발전을 이룩했다. 그리고는 언제부턴가 통일을 노래했다.

하지만 통일을 염원할 때마다 북한은 남한의 뒤통수를 쳤다. 판문점 도끼만행사건이 그렇고 대한항공(KAL) 858기 폭파사건, 천안함 폭침과 백령도 포격도발 사건, 두 차례의 연평해전, 비무장지대 목침 지뢰 도발사건 등 끊임없는 도발이 반복됐다.

개성공단과 금강산 관광은 그들의 외화벌이에 악용됐고, 우리와 해외 각국에서 보낸 원조의 손길은 전쟁 물자를 비축하는 데 사용됐다는 게 정설이다.

북한의 평창 동계올림픽 참가 결정을 그리 순수한 의도로만 볼 수 없는 이유이기도 하다. 북한은 지속적으로 비핵화를 촉구하는 국제사회의 강도 높은 대북 제재로 인한 어려움을 다소나마 해소하려는 의도가 다분히 내포돼 있기 때문이다.

아울러 북한 주민들에게 김정은 정권의 정치적 불안과 불안정한 경제 상황으로 인한 민심 이반 등을 외부의 탓으로 돌리고, 북핵문제로 인한 국제정치적 난관을 타개하기 위해 평창 동계올림픽을 활용하려는 속내가 깔려 있던 것도 부인할 수 없는 사실이다.

그렇다면 통일은 정말 어려운 것일까. 통일은 정말 대박일까.

한때 박근혜 전 대통령이 "통일 대박"을 외치며 통일에 대한 기대감을 불어넣어주려고 애썼지만, 우리 국민들에게 통일은 손에 잡힐 듯 말 듯 언제나 저 멀리에 떨어져 있는 신기루와 같은 존재였다.

그렇다면 통일에 대한 거대담론은 숱하게 이뤄지는데, 실체적 접근이 이뤄지지 않는 이유는 뭘까. 필자는 주변국으로부터 그 연유를 찾을 수 있다고 생각한다.

중국은 동아시아에서 지배적인 위치를 차지하기 위해 한반도에서 미국의 영향력을 밀어내고자 한다. 반면 미국은 한·미동맹 강화를 통해 중국의 그러한 힘을 반감시키려고 한다. 미·중간의 그러한 힘겨루기는 사드(THAAD·고고도 미사일 방어체계) 배치를 둘러싸고도 선명히 드러난다.

반면 가깝고도 먼 이웃나라 일본은 남한과 북한, 중국과 미국의 첨예한 대립 속에 자신들의 안위를 지키면서도 자기들의 목소리를 내고 싶어 하고, 러시아는 한반도 주변국의 틈새 속에서도 남·북·러 3각 구도로 한반도에서 경제적 이익과 정치적 입지 강화를 원하고 있다.

문제는 미·중·러·일 주변 4국이 한반도를 둘러싸고 동상이몽(同床異夢)을 꾸고 있지만, 그 속내를 들여다보면 남북통일로 인해 지금의 균형이 깨지는 것을 원치 않는다는 점이다.

때문에 주변 4국의 눈치를 보지 않고도 우리의 능력으로 북한을 충분히 견제하고 압도할 수 있는 능력을 키우는 것이 무엇보다 중요하다.

특히 북한의 비핵화를 통한 한반도평화체제 구축이 가장 시급한 지상과제이고, 남북한경제공동체 건설을 위한 구체적인 과제를 논의하는 장으로 이어지도록 해야 한다. 물론 남북이 경제협력을 강화해 나가기 위해서는 상호 신뢰구축이 전제돼야 한다는 것은 주지의 사실이다. 앞으로는 손을 내밀고 뒤에서는 뒤통수를 치는 이중행보를 보이는 북한의 못된 버르장이를 고치지 않는 한, 통일의 꿈은 대박이 아니라 쪽박신세를 면할 수 없기 때문이다.

　미국 워싱턴의 한국전기념관에는 '자유는 거저 주어지는 것이 아니다' 는 글귀가 새겨져 있다. 자유는 생명과 피로써 지킬 수 있는 의지가 있는 국민들에게만 허용된다는 의미다.

　국가 안보를 위해서는 너와 내가 다를 수 없고, 오직 국민만 있을 뿐이다. 종전(終戰)이 아닌 휴전(休戰)의 시대에 살고 있는 우리로서는 안보를 강화하고 힘을 길러야 하는 이유가 그래서 더 절실할 수밖에 없다.

나눔의 미학

'花香千里行 人德萬年薰(화향천리행 인덕만년훈)'

중국 제후나 선현들의 일화나 우화를 엮어 놓은 설원(說苑)이라는 고서집에 나오는 말로, "꽃향기는 천리를 가고 사람의 덕은 만년 동안 훈훈하다." 는 얘기다.

교직에 있으면서 이 말을 자주 떠올리며 살아왔다. 아직도 우리 주위엔 조금만 건드려도 상처가 덧나서 금방이라도 살점을 앗아갈 것 같은 가난과 시련 속에서 살아가는 이들이 적지 않기 때문이다.

가난과 질병 때문에 손톱발톱도 지쳐 울고, 생의 등짐이 등뼈를 파고드는 아픔을 지고 살아가는 이들에게는 작은 선업(善業)이라도 베풀 수 있다는 것은 큰 기쁨이 아닐 수 없다.

과거에는 '왼손이 하는 일을 오른손이 모르게 하라.' 는 말이 당연시 돼 왔다. 하지만 '더불어 살아가는 삶이 얼마나 아름다운가' 를 널리 확산시키기 위해서는 이웃을 돌아보는 행사나 캠페인을 드러내놓고 열 필요가 있다.

적십자사나 사회복지공동모금회 등에 특별회비를 납부하는 방법도 있고, 복지시설에 의료용 침대나 난방용 주유권 등을 전달하는 방법도 있다. 어려운 사람에게 난방용 연탄을 제공하는 방법도 있다. 태어나서 기차를 한 번도 타보지 못한 보육원 어린이들에게 열차여행을 지원해 주는 것도 한 방법일터이다. 그들이 관악기, 타악기, 현악기를 연주하며 새로운 음악적 재능을 키워갈 수 있도록 오케스트라를 구성하여 운영하도록 지원해주는 것도 하나의 방법이다. 아름다운 목소리로 다른 사람들의 마음을 힐링해 주는 것도 하나의 방법이다.

 미래의 동량지재인 어린이가 웃으면 지구도 웃지만, 어린이가 슬퍼하면 세상도 눈물짓는다는 이야기를 되 뇌이며 어린이를 위한 성금이나 온전한 급식, 수준 높은 교육 등도 우리사회가 마땅히 짊어져 나가야 할 아름다운 활동 중 하나라고 생각한다. 무심천이나 우암산, 부모산에서 펼쳐지는 환경미화작업도 중요한 나눔의 활동이다. 지역주민의 신뢰를 받는 정상적인 시민사회활동도 아름다운 재능기부이다.

 필자 역시, 처음엔 남에게 손을 내미는 것이 쑥스럽고 마냥 어색하기도 해서 망설였던 때가 있었다.

 '기다리지 않아도 오고 기다림에 지쳤을 때도 너는 온다.' 는 어느 시인의 시구처럼 교도소나 요양원 등지에는 말벗이라도 찾아와 주기를 간절히 기다리는 이들이 있다는 사실을 알게 되는 데는 그리 오랜 시간이 걸리지 않았다.

 겨울 칼바람과 혹독한 추위를 이겨내면 새싹이 움트는 봄이 찾아오듯이 그들의 아픔을 어루만져 줄 수 있다면 그들의 가슴에도 분명 희망의 싹이 돋아날 수 있을 것이라는 소망이 생겼기 때문이다.

 어두운 터널을 지나면 새로운 세상이 펼쳐지는 것처럼, 이웃에 내미는 작은 정성이 그들에게는 한줄기 희망의 빛이 될 수 있다는 사실을 깨닫는 데도 그리 많은 노력이 필요하지 않는다.

 배움의 열정이 있으나 돈이 없어 대학에 가지 못하는 이들에게 손을 내밀어 '역전(逆轉)의 삶' 을 안내하는 것도 베풂의 기쁨을 느낄 수 있는 마법이다.

 비록 '왼손이 하는 일을 오른손이 모르도록 하라' 는 은밀함도 필요하지만, 공직선거법을 의식하지 않고도 얼마든지 드러내지 않고 익명으로도 베풀고 나눌 수 있는 일들이 많다.

 자식 된 도리, 부모 된 의무마저 외면하고 세상과 돌아앉은 이들이 비일비재한 각박한 세상에 소년소녀가장, 장애인, 독거노인, 보육원이나 복지시설 원생 및 입소자, 재소자 등 어려운 이웃이 느끼는 냉기를 조금이라도 감싸줄 수 있는 삶에 감사하며 살아가는 이유다.

 '가을 구름 떠가고/ 고요한 이 산은/ 바람에 지는 낙엽/ 땅에 가득 붉어라/ 시냇가에 말 세우고/ 갈 길 물으니/ 모르겠네 이 몸 있는 곳/ 그림 속은 아닌지.'
 가을 산의 선경을 묘사한 삼봉(三峰) 정도전의 시 한수를 읊다보면 시중유화(詩中有畵)가 바로 이런 것인가 깨닫게 된다.
 살을 에는 추위 속에서도, 꽝꽝 얼어붙은 얼음 속에서도 얼지 않는 것이 바로 '사랑' 이라 믿으며 나눔의 미학을 떠올려보는 아침이다.

Part 2

희망의 찬가

미래의 충북교육을 설계해야

충북은 전통적으로 선비(鮮卑) 혹은 양반(兩班)의 고장이자 '교육의 도시' 로 인정받으며 발전해온 곳이다. 현재는 '교육의 도시' 라는 말자체도 사라졌지만 말이다. 일반적으로 양반(선비)이란 의미는 전통 유교적 관점의 신분계급으로서 사농공상(士農工商) 중에 가장 으뜸 계급인 선비(士)를 지칭하는 계급의식에 근거를 두고 이해하고 있는 경우가 대부분이다. 그런데 원래 양반이라 함은 정치적으로는 문반(文班)과 무반(武班)을 가리켜 양반(兩班)이라 하였다. 즉 '문무(文武)를 겸비하다'는 의미라고 할 수 있다. 지리적으로는 충청도에서 양반이라 함은 과거 역사적으로 충청도가 한 몸이었다가 금강을 기준으로 충청좌도(東班)와 충청우도(西班)로 나눠지며 후대에 생겨난 말이기도 하다.

오늘날에 있어서 양반이라는 개념은 선비라는 개념과 거의 동일시하며 같은 의미로 양반의 고장, 선비의 고장이라는 슬로건으로 즐겨 사용하고 있다. 그렇지만 이들 지역 가운데 계급의식에 근거를 두고 이러한 개념을 사용하는 곳은 거의 없다.

오늘날 지식경제기반의 제4차 산업혁명시대에 우리들이 사용하고 있는 양반 혹은 선비라는 개념은 대부분이 지식이나 학식을 가진 사람들, 즉 지식인을 지칭하고 있다. 그런데 정작 이러한 사람들이 살고 있는 교육의 도시로 크게 부각되고 있는 곳은 보이지 않는다.

그럼에도 불구하고 전통적으로 우리 충북과 청주 등은 '교육의 도시' 로 불려왔다. 이는 예로부터 충북이 교육을 중요하게 여겨왔기 때문일 것이다. 어쩌면 과거 풍류를 가까이 하던 선비들이나 문인·묵객들이 충북을 많이 찾았던 이유도 크게 모나지 않은 자연을 닮은 조화로운 품성의 사람들이 살고 있고, 교육을 중히 여기는 이러한 지식인들과의 교류와 소통이 많았기 때문으로 여겨진다. 그러한 만큼 우리는 조화를 이룬 아름다운 자연과 올곧은 선비 문화와 교육의 도시, 충북의 명예를 회복하여 지식산업시대를 선도하는 인재를 가장 많이 양성하고 배출하는 지역으로 만들어야 한다고 생각한다. 충북은 바로 이러한 고장이다.

최근들어 급속하게 전개되고 있는 제4차 산업혁명의 핵심경쟁력은 좌우 편향적인 보수와 진보의 이념을 가진 획일적인 유형의 인재가 아니라 자연을 닮아 스펙트럼이 넓고 조화로움과 다양성을 수용할 줄 아는 열린 사고의 인재를 길러 내는 교육문화 혁신에 그 해결책이 있다. 이를 통해 통념적으로 국가와 사회가 필요로 하는 홍익인간(弘益人間)과 재세이화(在世理化)가 아닌 실질적이고 실천적인 교육문화를 만들어 나가는 것이 중요하다.

그러나 이러한 교육환경은 하루아침에 만들어질 수 없는 것이기에 교육백년대계(敎育百年大計)라고 한 것이다. 그리고 이와 같은 교육환경은 관련 교육주체들의 화합과 통합을 통해 가정과 학교와 지역사회가 함께 만들어 가야만 지속가능하고 보다 올바른 길로 나갈 수가 있다.

그동안 충북은 전국 최고수준의 기초학력을 보여 왔다. 그리고 전국소년체전에서도 우수한 기량과 성적을 거두어 왔다. 그러나 최근에 점차 떨어지고 있는 기초학력저하문제, 이런 저런 일로 추락하고 있는 교육자상의 재정립과 교권 문제, 언제부터인가 이념에 내몰리면서 지속되고 있는 편파행정, 여전히 개선되지 않고 있는 안전 불감증·도덕 불감증으로 학교 밖으로 내몰리는 청소년 문제, 환경의식의 저하로 방관하면서 나타나고 있는 환경문제, 사회공동체 의식의 와해로 각 개인의 이해관계만을 추구하는 지역사회 문제가 충북교육의 위상을 떨어뜨리고 충북의 교육경쟁력을 약화시키고 있다.

이래서는 충북교육이 미래의 제4차 산업혁명시대를 선도하고 전국에서 교육중심지역으로 불리는 '교육의 도시'란 명성을 회복할 수 없다고 생각한다.

지역사회의 교육문제 해결은 교육기관인 학교뿐만 아니라 가정과 지역사회가 공동인식을 바탕으로 통합적이면서도 자율성이 보장되는 든든하고 안전한 교육환경을 만들어 주는 것이 기본이어야 한다. 이념이나 지지자 편 가르기와 경직된 사고방식으로는 교사들의 교권신장과 자율성이 발휘될 수 없다. 학교가 안전하고 재미있지 않으면 자발적인 자기주도 학습과 학생이 학교에서 공부하고 싶어 하는 교육공간, 활동공간이 될 수 없다.

따라서 우리는 이 시점에서 충북교육의 현실을 냉철하게 분석해야 한다. 미래에 희망을 줄 수 있는 충북교육의 생태계를 조성해 나아가야 한다. 교사에게 자율적인 교육환경, 학생에게 공부하고 싶어 하는 학교분위기 조성, 다양성과 포용력을 키워가는 미래형 열린 교육, 학부모들과 지역사회가 함께 신뢰할 수 있는 공감교육환경을 만들어 나아가야 한다.

그리고 우리는 이러한 교육생태계의 실현을 통해 새로운 미래대계(未來大計)의 충북교육을 설계해 나아가야 한다. 이를 통해 추락한 충북교육의 자존심을 회복할 수 있고, 동시에 충북도민의 자존심도 회복될 수 있을 것이다

교육자치(敎育自治) 시대,
충북 교육 달라져야 한다

최근에 문재인 정부는 제2회 교육자치정책협의회를 개최하고 '교육자치 정책 로드맵' 을 심의·의결했다. 이는 교육부와 시·도교육청이 현장의견 수렴과정을 거쳐 수립한 교육 중장기 계획으로 유·초·중등교육의 지방분권 강화와 학교민주주의 달성을 목표로 하고 있다.

교육자치정책협의회에서 발표한 교육자치 정책 로드맵에 따르면, 1단계로 권한배분 우선과제 정비를 통해 법률적 근거가 없고 모호한 교육부의 규제적 지침을 원칙적으로 폐지하고 2018년 상반기까지 학교운영과 교육활동, 시·도교육청의 자율성을 제한하는 법령과 지침, 사업 등을 일괄적으로 정비한다는 계획이다.

그동안 통제·관리 위주의 교육정책 관행과 문화를 혁신하고, 학교구성원들의 의사에 따라 자율적인 학사와 교육과정을 보장하면서 수업·학생지도·교무 등에 대한 행정처리 부담을 걷어내 시·도교육청이 자율적 교육행정을 펼쳐 나가도록 민주적 운영을 보장하고 지원하겠다는 것이다.

2단계로 권한배분을 위한 법령 개정을 통해 시·도교육청과 학교가 교육정책과 활동에 대해 1차적인 권한과 책임을 갖도록 하고, 2018년도 하반기부터 입법에 착수할 방침이다. 이를 위해 교육부와 시·도교육청이 공동 정책연구를 통해 지방분권과 관련한 지방이양 일괄법, 지방자치관련 법령개정, 사안별 이양 등 권한배분 방식의 장·단점과 타당성을 고려하여 '국가에서 지방정부 중심으로, 행정에서 교육 중심으로' 중앙과 지방정부의 대등한 협력적 관계를 설정해 나갈 예정이다.

이에 중앙정부는 국가의 책무성이 요구되는 국가교육 표준, 미래교육 전략, 교육 격차 해소, 학생 건강·안전 등의 영역에서 최소한도의 필요 범위 내에서만 역할을 수행하겠다는 것이다.

그리고 교육부는 이를 통해 시·도교육청과 소통·협력의 자세로 지방정부의 교육정책과 학교활동을 지원하고 자치와 분권의 시대정신을 구현해 나가겠다는 것이다.

따라서 이제 본격화하고 있는 교육자치시대에 충북교육이 정상적이고 올바른 교육자치의 실현과 더불어 지방분권 이행에 따른 일반 행정자치와 연계를 모색하고 미래 지역교육정책의 기획력을 한층 강화해 나가야 할 때다.

만약 그렇지 않으면 미래 충북교육의 발전과 충북교육자치 실현은 요원할 수밖에 없다. 그리고 그에 따른 피해는 고스란히 우리 충북지역 학생들과 도민들에게 전가되고 지역사회가 그 책임을 감내해야 할 것이다.

그러므로 이제까지 타성과 관행에 젖어 무책임하게 펼쳐왔던 기득권 중심의 기존 지역교육정책 방식과는 판이하게 다른, 보다 미래지향적이고 자율적이며 혁신적인 지역교육의 토대 마련이 절대로 필요하다고 생각한다. 또한 지역사회의 교육주체들과 함께 보다 협력적이며, 지역사회와 밀착된 경쟁력 있는 충북형 교육자치 거버넌스 메카니즘을 구축해 나가야만 지속가능하고 진정한 충북의 교육자치의 발전을 기대할 수 있을 것이다.

미래세대를 위한 교육활동에 보수와 진보의 이념갈등도 없어져야 한다. 경직적이고 획일적이고 이념추구형 사고방식에 절어 있는 굳어진 교육정책으로는 더 이상 충북교육의 위상을 새롭게 하고 학생들의 학력을 향상시켜 나갈 수 없다.

우리는 이전에 경험하지 못했던 과학기술의 혁명적 변화와 빠르게 진행하고 있는 제4차 산업혁명시대의 세계적 조류와 패러다임을 스스로 선도하고 신속하게 대응해 나아가야 한다.

충북교육은 과감한 개혁을 통하여 신축적이고 공정하고 개방적이고 탈이념적인 보편주의 가치에 입각한 새로운 패러다임을 만들어 나아가야 한다. 그렇지 않으면 충북교육은 다른 경쟁지역과 비교하여 뒤떨어질 수밖에 없고, 충북교육은 미래 희망을 가득 담은 우수한 능력을 갖춘 미래 인재들을 양성해 나갈 수가 없다.

충북교육은 먼저 외형적인 형식만을 혁신하는 교육이 아니라 교사들의 실질적이고 자율적인 교권이 보장돼야 한다. 또한 교사가 존경받고 교사와 학생의 인격이 상호 존중되고, 서로 교감하고 신뢰하는 교육이 이뤄지도록 비정상적인 부분은 과감히 혁신하고 스스로 변화해야 한다. 그리고 학부모인 충북도민과 지역사회가 신뢰하고 용인하고 자긍심을 가질 수 있는 충북형 교육자치 모델을 구축해 나아가야 한다.

우리 앞에 다가오고 있는 지방분권의 교육자치 시대를 맞이하면서 새로운 충북형 교육자치모델을 만들고 이를 실현해 나갈 책임은 도민 스스로에게 주어져 있다. 더 이상 경직되고 편파적이고 폐쇄적이고 이념추구적인 교육정책으로는 충북의 미래 교육을 담보할 수 없음을 인식해야 한다.

아침형 인간

　　흔히 이른 아침에 하루의 일과를 시작해 아침시간을 적극 활용함으로써 성공적인 삶을 영위할 수 있도록 노력하는 사람을 '아침형 인간' 이라 부른다. 2003년 일본인 의사인 사이쇼 히로시(税所弘)가 쓴 '인생을 두 배로 사는 아침형 인간' 이라는 책이 출간되면서 큰 관심을 끌게 됐다. 사이쇼 히로시에 따르면 인간은 원래 일출과 동시에 일어나고 일몰과 동시에 잠자리에 드는 생활을 해왔으나 지난 100년간 문명의 발달로 밤 시간을 활용할 수 있게 되면서 신체의 리듬이 깨졌다고 한다.

　아침형 인간이 주목받기 시작한 것은 그만큼 현대생활을 하는 우리가 게을러졌다는 반증이기도 하다. 아침은 일단 모든 것을 깨운다. 게으른 자에게는 없는 시간이기도 하다. 늦게 일어나면 아침은 가고 없다.

　고(故) 정주영 현대그룹 명예회장과 빌 게이츠 마이크로소프트사 회장도 대표적인 아침형 인간으로 새벽 일찍 일어나 많은 업무를 생각하고 처리한다는 것은 널리 알려진 사실이다.

　그러니 부지런한 자의 특권이 아침이다. 특히 아침의 1시간은 낮의 3시간과 맞먹는다고 한다.

　역설적으로 말하면 현대인의 삶은 호모에렉투스 때부터 지켜오던 아침을 잃어버렸다. 야근이나 저녁 술자리가 늘어났기 때문이다. 밤늦도록 게임이나 유흥에 빠지면 아침을 만나기가 힘들어진다. 밤이 줄어드니 잠이 모자라고, 모자란 잠은 출근부터 퇴근까지 졸음과의 사투로 이어진다.

 교육자로서, 교육행정가로서 정부 정책을 지속적으로 감시해온 시민사회활동가로서, 국민들에게 '아침'을 돌려주고 싶다. 그런 정책을 추진해야 한다고도 생각한다.
 아침을 지배하는 사람이 하루를 지배하고, 하루를 지배하는 사람이 인생을 지배할 수 있다는 믿음도 크다.
 흔히 인생은 짧다고 말한다. 흘러가는 시간을 잡을 수 없음을 안타까워하는 이들도 있다. 그러나 시간은 촉수가 없으니 문제다. 잡는다고 잡아지는 게 아니기 때문이다.
 그러나 빨라도 문제이고 느려도 문제다. 빨리 할 것이 있고, 느리게 할 것이 있다. 한국경제를 살린 것도, 한국사회의 병폐를 만든 것도 '빨리 빨리' 문화이다. 신호대기를 참지 못하고 먼저 나가려는 것도 문제고 적당히 대충 대충, 빨리 빨리 해달라고 채근하는 것도 문제다. 그러니 질은 떨어지고 양만 늘지 않는가.
 그렇다고 능장을 부리면 천불이 날 수 있다. 공무원이 민원을 꾸물꾸물 처리하면 민원인의 속이 터질 수밖에 없는 이치다.

 때론 느림도 미학이다. 게으름과는 다르다. 매가 사냥감을 향해 내달리기 전에 공중에서 거의 정지 상태로 있듯, 맹수가 공격물을 향해 달려 나가기 전에 엉금엉금 기어가는 것은 느림이 아니라 더 빠른 공격을 위해 에너지를 비축하면서 행동 전략을 구상하는 시간이다.
 그렇다고 갑작스레 아침형 인간이 될 수도 없는 노릇이다. 기상시간을 앞당기기 위해서는 줄여야 할 것이 많다.

대인관계를 위한 술자리도 그렇고, 게임이나 여흥도 줄여야 한다.

그러나 아침형 인간이 돼야 채울 수 있다. 신문을 읽으며 정보를 얻고, 뉴스를 보면서 세상 돌아가는 이야기도 들을 수 있다. 아침 일찍 일어나면 그만큼 여유롭게 출근할 수 있고, 평소 잊고 있었던 아이디어도 새록새록 떠오른다.

필자가 수십 년 전부터 새벽 4시에 기상하는 아침형 인간으로 살아가는 이유이기도 하다. 일찍 일어나면 명상도 할 수 있고, 책도 읽을 수 있고, 오늘 하루도 남들보다 한결 여유롭게 준비할 수 있다.

요즘은 두 시간 앞당겨 새벽 2시에 일어난다. 작금의 교육현실에 대해 고민이 늘어났고, 지역발전을 위한 혜안을 찾기 위한 고뇌가 쌓여 있기 때문이다. 인생 2막을 새롭게 출발하는 여정도 고심하면서 그 속에서 하루를 출발하려니 시간이 부족하다.

그만큼 아침은 점심 저녁을 살아가기 위한 보약이다. 또한 자기 자신에게 가장 너그러운 시간이기도 하다. 이 소중한 '아침' 을 절대로 허투루 보내지 말자.

새롭게 바꿔야 산다

　우리는 21세기를 세계화시대, 디지털시대, 지식정보화시대라고 부르고 있다. 최근 들어서는 빅 데이터, 클라우드 컴퓨팅, 인공지능(AI), 로봇기술, 드론기술, 생명과학이 주도하는 차세대 산업혁명인 4차 산업혁명이 화두로 떠오른 상태다. 1784년 영국에서 시작된 증기기관과 기계화로 대표되는 1차 산업혁명, 1870년 전기를 이용한 대량생산이 본격화된 2차 산업혁명, 1969년 인터넷이 이끈 컴퓨터 정보화 및 자동화 생산시스템이 주도한 3차 산업혁명에 이어 인공지능, 사물 인터넷(IoT), 빅 데이터, 모바일 등 첨단 정보통신기술이 경제·사회 전반에 융합돼 혁신적인 변화가 이뤄지는 시대에 살고 있는 것이다.

　그런데 정작 한 걸음 더 앞서가야 할 국회의원 선거나 지방선거는 여전히 20세기에 머물고 있다는 느낌을 감출 수 없다. 역대 대통령 선거전을 보더라도, 기묘하게도 어디에선가 협잡꾼을 등장시켜 수단과 방법을 가리지 않고 상대를 음해하거나 제거하려는 움직임을 심심찮게 목도할 수 있었다. 그러한 협잡꾼은 대선 판의 주연이 되어 여론을 호도하고, 정치권에서는 이를 최대한 활용하기도 한다.

　흐트러진 머리, 초점 잃은 눈빛, 핏기 없는 안색, 부어 오른 얼굴, 불만 가득한 표정의 박근혜 전 대통령을 보면서 인생의 허망함도 목도하게 된다. 불과 1년 전만 해도 어느 누가 이런 그림을 상상이나 했을까, 아마 본인도 몰랐을 것이다.

'대한민국의 주권은 국민에게 있고 모든 권력은 국민으로부터 나온다.' 고 명시한 헌법 제1조를 귓등으로 들은 탓이다. 권력이 있으면 죄도 덮을 수 있을 것이라는 '유권무죄 무권유죄' 의 거만함에 대다수 국민들은 모두 혀를 찼다.

"저는 돌봐야 할 가족도, 재산을 물려줄 자식도 없습니다. 오로지 국민 여러분이 저의 가족이고, 국민의 행복만이 제가 정치를 하는 이유입니다."

박근혜 대통령은 2012년 12월 국민들에게 약속했고, 그 말을 믿은 국민들은 그를 선택했다.

하지만 그는 국민들을 실망시켰고, 국민들은 그를 마음속으로부터 배신이라는 낙인을 찍었다. 이른바 최순실 파문은 국민을 충격으로 몰아넣었고, 국내는 물론 세계인들의 조롱거리가 돼 버렸다. 뉴욕타임스는 최순실이 박 전 대통령의 머릿속을 조종하는 내용의 만평을 실었고, 미국·일본·중국의 언론매체는 연일 최 씨의 국정 농락을 대서특필했다.

더욱이 최순실의 국정 농단은 분야를 막론하고 상상을 초월할 정도로 광범위하게 자행됐다는 점에서 국민들의 분노심이 극에 달했다. 대기업을 협박해 돈을 뜯고 대학 부정입학, 장·차관 인사 개입, 국회의원 공천개입, 평창동계올림픽 이권개입에 이르기까지 그의 교활한 국정 개입과 분별없는 사리사욕 챙기기는 끝이 없이 터져 나왔다.

지난 4년동안 청와대에서는 도대체 무슨 일이 일어났단 말인가. 또 302명의 고귀한 목숨을 앗아간 세월호 7시간 동안에는 도대체 어떤 일을 했단 말인가.

촛불을 들고 거리로 나선 국민들의 한결같은 외침은 "이게 나라냐?" 는 한숨뿐이었다.

문제는 고름은 절대 살이 되지 못한다는 점이다. 모든 적폐를 걷어내고 농액(膿液)은 남김없이 도려내야 한다. 이에 사적인 이해관계나 정치적 의도가 있어서는 안 된다. 그렇지 않고는 국민들에게 신뢰를 얻을 수 없다. 이러한 원칙을 바탕으로 적폐청산이 이루어져야 국민들이 신뢰하게 된다. 적폐청산이 진정성 있게 이루어져 우리 대한민국이 국민이 원하는 새로운 기본적인 틀을 세우고 새로운 나라를 만들어 나아가야 한다.

우리는 박근혜·최순실 국정농단 사태를 접하면서 대통령중심제 하에서 대통령의 역할이 얼마나 중요한가에 대해서도 뼈저리게 경험했다.

그동안에는 대통령이 어떤 이념과 성향을 가졌느냐에 따라 우리나라 역사가 달라지고 정치문화, 안보관, 경제관, 문화관, 교육관도 달라졌다. 대통령의 임기 5년이 지나고 나면 정치판이 바뀌고 외교관계가 바뀌고 경제, 사회, 문화, 교육의 기본 골격이 바뀌었다. 그래서 대통령 선거전에서는 다시 모든 것을 바꿔야 한다고 목소리를 높인다.

혹자는 부끄러운 역사도 역사라고 말한다. 물론, 이승만-박정희-전두환 독재정권 시절도 우리의 역사임에는 틀림없다. 그러나 굳이 이 같은 역사를 반복할 필요는 없다.

시·도지사와 교육감, 시장·군수와 광역·기초의원을 뽑는 지방선거도 예외는 아니다. 진정한 지방 자치와 교육 자치를 이끌 지도자를 뽑기 보다는 정파와 당리 당략, 중앙정치권의 움직임에 따라 선거판도가 바뀌는 잘못된 정치문화는 바꿔야 한다. 1인당 국민소득 3만 불 시대의 선진국으로 이끌어나갈 리더십이 필요한 시점에 와 있기 때문이다.

그리하여 오는 6월 13일 치러지는 제7회 전국동시지방선거에서는 반드시 공명선거를 이뤄내야 한다. 국민 앞에서는 정책선거를 주장하고, 뒤에서는 네거티브 선거 전략을 짜기 위해 몰두하는 정치행태에 대해서는 철퇴를 가해야 한다. 무엇이 진실이고, 무엇이 국민이 추구할 가치인가를 분명히 분별하여 심판해야 한다. 네거티브 선거전략이 사라지고 정책선거전이 돼야 한다.

우리나라도 이념과 정책 검증을 통해 지도자를 선택할 수 있는 선진 정치문화를 만들어나가야만 명실 공히 세계를 선도할 수 있는 선진국이 될 수 있다.

다산 정약용 선생은 "사람은 가마 타는 즐거움만 알지, 가마 메는 괴로움은 알지 못한다.(人知坐輿樂 不識肩輿苦 · 인지좌여락 불식견여고)" 고 말했다.

그만큼 역지사지의 정신이 필요한 시대이다. 그리고 약속은 반드시 지키는 리더십이 정치를 바꾸고 민심에 화답하는 세상을 만들어야 한다.

비워야 채울 수 있다

조선 중기 여러 요직을 거쳤던 박수량(朴守良)은 중종 8년 진사에 합격한 이후 충청도 도사·경기도 관찰사 등 39년 간 고관대작을 지냈지만, 집 한 칸 마련하지 못할 정도로 청렴결백해 맹사성·황희·이황 등과 함께 청백리로 뽑혔다. 죽어서도 장례비용이 없어 관을 들어 줄 사람조차 구하지 못했다는 이야기는 가슴을 저미게 한다.

나는 걷는 것을 참 좋아한다. 일종의 '비움' 이다. 시간이 없으면 가까운 뒷동산에 오르고 여유가 있으면 높은 산에도 오른다. 생각을 정리하는 데는 이 같은 호사가 없다. 가끔 언론사에서 칼럼을 써 달라는 원고 청탁을 받으면 일부러 시간을 내서 등산을 한다. 그러면 소재가 떠오르고 방향이 잡힌다. 걸으면 비워지고 비우면 채워지는 이치 때문이다.

그렇다고 무조건 비우려고 하는 것도 옳지 않다. 비우려고 몸부림칠수록 마음속엔 이 세상에서 가장 싫어하는 것들이 '주검' 처럼 쌓일 수도 있기 때문이다.

필자 역시, 처음부터 걷기를 좋아한 것은 아니다. 가끔 높은 언덕을 만나면 숨이 차고 돌부리에 차일 때면 세상살이 통증이 그대로 전도됐기 때문이다.

걷는다고 처음부터 비워지는 것도 아니다. 외려 체념했을 때 마음 속 그늘은 양지쪽으로 고개를 들고 마음을 내려놓으면 가슴 한가운데에 햇볕이 내리쬐기 마련이다.

동의보감에도 좋은 약을 먹는 것보다 좋은 음식이 낫고, 좋은 음식보다 걷기가 좋다고 했다.

2016년 9월부터 '부정청탁 및 금품 등 수수의 금지에 관한 법' (김영란법)이 시행됐다. 이 법의 영향력과 파급력은 예상보다 훨씬 큰 맹위를 떨치고 있다. 공직사회를 넘어 모든 사람의 일상까지 바꾸고 있다.

물론 당초 입법 취지대로 부정청탁이 확연히 줄어드는 성과를 거두고 있는 반면, 화훼농이나 축산 농가는 매출이 반 토막 나는 등 부작용도 없지 않다. 공무원들은 그동안 뿌리치기 어려웠던 청탁을 거절할 수 있다며 긍정적으로 평가하기도 한다.

그러나 먹고 마시는 문제는 저렴한 음식점을 이용하거나 '각자내기(더치페이)'로 대부분 해결할 수 있지만, 쓴 소주한잔 기울이며 인생을 토해내던 우리네 정마저 메말라가는 것은 아닌지 걱정하는 이들도 없지 않다.

분명한 것은 낡은 접대 문화를 몰아내고 투명 사회로 나아가는 계기를 마련했다는 긍정적인 평가가 주를 이루고 있다는 점이다.

물론 사는 것이 중요한 게 아니라 어떻게 사느냐가 더 중요하다. 기본은 결국 법이 아니라 우리의 마음가짐이다.

네 탓 말고
내 탓 하자

공자가 어느 날 태산의 한 기슭을 지나고 있을 때, 어디선가 여인의 구슬픈 울음소리가 들려왔다. 공자가 일행과 함께 그 소리를 따라가 보니 풀숲 사이 세 개의 무덤 앞에서 한 여인이 구슬프게 울고 있는 게 아닌가.

공자가 사연을 묻자, 여인은 "몇 년 전에 시아버님이 호환(虎患)을 당하신 후, 작년에는 남편이, 이번에는 아들까지 호랑이에게 잡혀 먹혔다." 고 흐느꼈다.

"그런데도 부인은 왜 이사를 가지 않습니까?"

공자의 물음에 여인은 한숨을 내쉬며 "그나마 이곳에는 못된 벼슬아치들이 없기 때문" 이라고 답했다.

공자는 이를 두고 "가혹한 정치는 호랑이보다 무섭다.(苛政猛於虎·가정맹어호)" 고 일컬었다. 그만큼 어떻게 하느냐에 따라 정치는 호환마마 보다도 무섭다는 것을 보여주는 단적인 예라 할 수 있다.

얼마 전 한 언론과의 인터뷰에서 "교수가 되지 않았다면 어떤 일을 했을까요?" 라는 질문을 받은 적이 있다. 순간 당황했지만 이내 "사업가나 공무원이나 정치인이 됐을 것" 이라고 답했다. 앞서 언급한 것처럼 애초부터 교수가 되는 것이 꿈이었다. 하지만 사업가나 공무원이나 정치인도 틀린 답은 아니었다.

철없던 이른 나이부터 "왜 그렇게 정치를 못할까?" "왜 그렇게 행정을 못할까" 라는 의문부호를 끊임없이 되뇌던 때가 많았기 때문이다.

선거 때마다 경제회생, 선진정치 구현, 민생안정 등 근사한 말과 현란한 공약으로 포장한 채 국민들을 현혹하고 일부에서는 나아지는 것이 없다고 비판하지만, 또 다른 한편에서는 이만큼 발전했다고 자랑을 하고 있는 것이 민주주의라고 할 수 있다. 그런데 아직까지 정치문화 만큼은 후진성을 면하지 못하고 있는 것은 사실이라고 생각된다.

개미와 흰개미가 다르고 사슴벌레와 장수하늘소가 다르듯, 더 나은 인물을 골라내는 혜안이 없었던 걸까. 우리는 왜 존경받는 대통령이나 정치인을 쉽게 만나지 못하는가에 대한 정치혐오증도 커져만 가고 있다. 이는 국민의 정치의식은 높아 가는데 정치인의 정치의식은 더욱 낮아지고 있으니 하는 말이다.

눈을 돌려 미국을 보더라도 존경받는 대통령이 한둘이 아니다. 대학총장이 된 토머스 제퍼슨, 워터게이트 사건 때문에 한 때 '미국정치의 수치'로 불리기도 했지만 '평화를 넘어서' 등 9권의 책을 저술하며 재임 시 불명예를 말끔히 씻어낸 리처드 닉슨, 북한과 중동지역을 넘나들며 사랑의 집짓기를 펼친 지미 카터 등 국민들로부터 존경받고 있는 대통령이 많이 존재한다.

특히 버락 오바마 미국 대통령은 프랑스 대선에 출마시키자는 온라인 청원운동까지 벌어질 정도로 퇴임 후의 모습이 더 아름답게 회자되고 있다.

하지만 우리는 '존경하는 대통령'이 누구냐고 물으면 손사래부터 치는 국민들이 적지 않다. 역사는 누가 대통령을 했느냐 보다, 어떤 대통령이었느냐를 더 중시한다. 그만큼 '물러난 후'가 더 어렵다는 얘기다.

우리는 그동안 이승만 초대 대통령부터 현재의 문재인 대통령에 이르기까지 열두 명의 대통령을 만나왔다.

4·19 혁명으로 하야한 이승만 전 대통령, 5·16 쿠데타로 물러나야 했던 윤보선 전 대통령, 부하의 총탄에 유명을 달리한 박정희 전 대통령, 군부의 입김에 눌려 8개월 만에 자리를 내놓은 최규하 전 대통령, 퇴임 후 '영어(囹圄)의 몸'으로 전락했던 전두환·노태우 전 대통령, 아들이 모두 옥살이를 해야 했던 김영삼·김대중 전 대통령, 노무현 전 대통령의 안타까운 죽음에 이르기까지 우리의 대통령은 하나같이 국민들에게 슬픈 뒷모습을 보여줬다. 그토록 우리 국민들이 자랑스러운 대통령을 원하고 있는데도 말이다.

여기에 최근에는 대통령의 직책을 성실히 수행할 것을 엄숙히 선서하고도 임기를 채우지 못한 채 서울구치소에 갇혀있는 박근혜 전 대통령, 국정원 특수활동비와 댓글사건, 사자방(4대강, 자원외교, 방산비리) 비리의혹, 다스(DAS) 비자금 조성과 실소유주 의혹 등으로 불행한 말년을 보내고 있는 이명박 전 대통령까지 온전한 대통령을 만나본 적이 없다.

그런 점에서 이번 전국지방선거에서는 혈연·학연·지연이나 당파와 정파에 얽매이지 말고 최선이 아니면 차선이라도 골라 최악은 막아야 한다. 국가경제가 뒷걸음치고 민초들의 피와 땀이 엉긴 귀중한 세금을 축내는 일이 없도록 말이다.

투표에 앞서, 국정운영능력은 물론 지방행정이나 교육행정 수행 능력, 식견과 통찰력, 도덕성, 인성 등을 꼼꼼히 살펴 최적의 후보를 가려내는 것이야말로 유권자에게 주어진 권리이자 의무이다.

우리 민족은 그동안 좌우대립, 6.25동란, 가난의 질곡, 독재의 신산(辛酸)을 넘어 오늘에 이른 저력을 갖고 있다. 따라서 두 눈 부릅뜨고 선거판을 지켜보며 현명하게 선택한다면 분명 '미래'를 만날 수 있다.

선거 때마다 '내가 최고'라면서 음풍농월(吟風弄月)을 읊조리며 국민들을 현혹하는 후보를 선택해서는 안 된다. 이미 만신창이가 된 국민들을 더 이상 사지로 내모는 일은 없어야 한다.

정치는 신의다. 신의가 바탕이 되지 않는 정치는 패도다. 신의를 잃은 정치는 국민을 한 때 속일 수는 있어도 영원히 속이지는 못한다. 그래서 민심은 천심이라고 했다.

채근담(菜根譚)에 이르길 "밭에 난 잡초를 내버려두면 무성해져서 곡식을 해치지만, 서둘러 뽑아버리면 오히려 곡식이 잘 자라고 거름으로도 쓰인다."고 했다. 아만(我慢)으로 똘똘 뭉친 자들은 반드시 솎아내야 한다. 그런 이들을 또 다시 뽑는다면, 그들은 자신을 뽑아준 주민도 배신하고 곧장 발밑에 두려고 할 것이다.

따라서 이번 지방선거의 슬로건은 '네 탓'이 아니라 '내 탓'이 돼야 한다. 얼빠진 팔색조 같은 공약으로는 국가와 지역을 발전시키지 못한다. 국민들도 더 이상 세치 혀로 막말을 일삼으며 유세(遊說)하는 세객(說客)에게는 절대로 표를 주지 않아야 한다.

그런 의미에서 필자부터 구체적인 예산과 추진 일정을 갖춘 선거공약인 매니페스토(manifesto)를 통해 깨끗하고 공정한 선거를 실천하는데 앞장설 작정이다. 교육자로서, 학자로서, 교육행정가로서, 언론인으로서, 시민사회활동가로서 양심을 지키고 오로지 충북교육의 정상화를 위해 노력하고자 한다. 헛된 공약이나 거짓 약속은 하지 않고, 학생들의 미래를 위해 도민과 학부모들께 실천 가능한 약속과 정책으로 담대하게 승부해 나갈 계획이다.

'노릇하게 잘 구워 낸 청어 살점을 뜯다/ 지나온 내 죄목인 양 목에 걸린 잔가시들/ 말 못 할 저항만 같아 배앝지도 못하네/ 검푸른 물길 속에 넘실대던 그 자유를/ 목마른 식욕으로 삼켜버린 어스름녘/ 애꿎은 시간의 갈피에 다시 슬몃 가시는 돋고.'

목에 걸린 잔가시를 자신의 죄목으로 지목하며 속죄하는 시인 이승은이 쓴 '청어의 시(詩)' 다. 달면 삼키고 쓰면 뱉고, 이로우면 따라붙고 불리하면 언제라도 내팽개치는 우리 후진적 정치문화를 되돌아보게 만드는 일침이 아닐 수 없다.

공교육 활성화를 위한 고언

'가노라 삼각산아 다시 보자 한강수야/ 고국산천을 떠나고자 하려마는/ 시절이 하 수상하니 올동말동하여라.'

1636년 병자호란 때 청나라에 항복문서를 쓴 것을 보고 통곡하면서 '풍악문답' 이란 책을 썼던 청음 김상헌 선생은 무능한 나라꼴을 보고 그렇게 절규했다.

남녘 제주에선 곧 화신(花信)이 들려올 것이고, 남도의 길목에도 매화가 피어날 것이지만 서민들의 마음은 여전히 온기가 없다. "닭이 울면 아침이 온다" 고 했지만 국민들은 여전히 어려운 경제에 신음하고 있다.

우리 사회 청춘 군상 앞에도 짙은 어둠뿐이다. 연애, 결혼, 출산, 내 집 마련, 인간관계, 꿈, 희망을 모두 포기한 '칠포세대' 는 우리사회의 미래가 얼마나 어두운지를 적나라하게 보여주는 얘기다.

오죽하면 '일찍 취업해 월급 받아 장가가자' 는 일·취·월·장이 취업준비생들의 건배사로 쓰이고 있겠는가. 날로, 달로 나아지고 발전하기를 염원하는 '일취월장(日就月將)' 은 한낱 희망사항으로 전락한지 오래다. 그만큼 앞이 보이지 않는다는 얘기다.

우리의 교육정책만 보더라도 혼란스럽다. 정권이 바뀔 때마다 자립형 사립고나 특성화고나 특수목적고를 놓고도 이견이 잦다. 한편에서는 외고가 사교육의 근원이고 설립목적과 전혀 다른 방향으로 가고 있기 때문에 폐지해야 한다고 주장을 한다. 반면에 다른 한편에서는 특목고의 수월성을 살려 학생들을 교육하고 있는 만큼, 이를 확대 지원해야지 부정적 시각에서 접근하는 것은 잘못된 발상이라고 주장한다.

 하지만 이러한 주요한 교육정책은 파급효과가 대단히 큰 국민적 사안이고 국가발전의 기초가 되기 때문에 직관에 의한 정책이 아니라, 깊이 있는 연구를 통해 논리적·과학적 타당성이 검증된 정책을 제시해야 된다.

 우리나라에는 온 국민이 전문가인 분야가 있다. 교육, 정치, 축구, 부동산이 바로 그것이다.

 정치에 대해서는 시골의 노인정에서도 중앙정치를 논하고 정당 내 계파 간 사정을 줄줄이 꿰뚫고 있는 것이 현실이다. 농민, 어민, 직장인, 주부, 대학생, 심지어 초등학생에 이르기까지 우리나라 모든 분야의 사람들이 정치판 돌아가는 것에 대해 논쟁을 벌이고 있다고 해도 과언이 아니다. 웬만하면 정치전문가 수준이다.

 축구도 그렇다. 성인남자들에게 축구와 군대 얘기는 초미부터 꺼내지 말라는 것이 현대판 격언이다.

 부동산은 대도시나 개발지역에서 지난 수십 년간 대박의 불패신화를 이어온 재테크의 명장감이다. 아마 40대 이후의 사람들은 부동산에 대해 나름대로 많은 정보와 지식을 갖고 있는 전문가라 해도 과언이 아니다.

 여기에 아줌마 부대도 대단한 전문가들이 많다. 요즈음은 30대, 심지어 20대 중에서도 전세가격과 매매가격과의 차이가 매우 적은 아파트를 매입해 단기간에 전세가격을 올려 매매가격 상승을 유도하는 '갭(gap) 투자'에 나서는 등의 부동산 고수가 많다.

 교육에 대해서는 아예 확실한 정책이 아니면 얘기를 하지 말아야 한다. 30대에서 50대까지 초·중·고·대학생을 두지 않은 가정이 거의 없다.

아마 초등학교부터 대학교까지 다니는 동안 입시제도가 바뀌기 않은 적도 없다.

급변하는 한국형 입학제도하에서 자녀를 어디라도 보내려면, 이에 대한 정보와 지식이 필요하기 때문에 이에 대해 숙고하게 되고, 이것이 반복돼 어쩔 수 없이 공교육이든 사교육이든 교육전문가가 된 것이다.

우리나라에서 사교육의 열풍은 과히 광풍(狂風)이라 할 만하다. 그동안 사교육비 경감 내지는 근절에 대한 많은 정책들이 나왔지만, 사교육의 광풍은 외려 강렬해지는 형국이다.

우리나라에서 공교육이든 사교육이든 교육을 받으려는 국민적 열정을 그 누가 어떻게 꺾을 수 있단 말인가? 대부분 국민들이 교육전문가가 돼 있는데 말이다.

정부 여당에서는 사교육을 어떻게 하겠다는 정책에 우선하여 공교육 강화 정책을 내놓아야 한다. 사교육은 외생변수로 두고, 공교육 강화에 대한 다양하고 심층적인 연구를 통해 종합적이고 장기적인 공교육정책을 제시해야 한다. 그러면 사교육 문제는 자동적으로 해결된다. 그러나 국민들의 배움에 대한 정당한 욕구를 외면해서는 안 될 것이다. 왜냐하면 배움에 대한 욕구는 인간의 품위를 높일 뿐 만 아니라 인간의 본능이기 때문이다.

다음 정권에서 또다시 바뀌어야 할 정책이 아니라, 정권을 초월한 30년, 50년, 100년 후의 교육정책을 제시해야 한다.

더 이상 교권이 무너져서도 안 된다. '스승의 그림자도 밟지 말라' 는 격언이 다시금 지켜지는 교단을 만들어야 한다. 제자가 스승에게 욕설을 내뱉는 일은 예삿일이 됐고, 폭행에 성희롱까지 학교 현장의 교권침해가 끊이지 않고 있으니 걱정이다.

충북도교육청에 따르면 2015년 충북도내에서만 104건의 교권 침해사례가 발생한 것으로 집계됐다. 2010년 38건, 2011년 225건, 2012년 248건까지 늘면서 정점을 찍다가 2013년 71건, 2014건 35건으로 큰 폭으로 줄어드는듯하다 또 다시 증가추세에 있다고 한다.

교권침해 사례를 보면 말문이 막힐 정도다. 충북의 한 중학교에서는 합창 연습 도중 장난을 치지 말라는 교사에게 욕설을 내뱉고 심지어 종아리까지 걷어찬 학생이 있었다고 한다. 또 다른 중학교에서는 담배를 피우는 것을 나무라자 교사에게 욕설을 하면서 "흉기로 찔러버리겠다." 고 위협한 학생도 있었다. 수업시간에 장난을 쳤다는 이유로 교사가 훈계를 하자, 여교사의 뺨을 때리고 입에 담기조차 힘든 폭언을 한 학생까지 발생했다.

어쩌다가 이 지경이 됐는가.

한 때 교직은 촉망받는 직업 '0순위' 로 손꼽혔다. 적지 않은 보수를 받고 정년을 보장받는 데다, 방학기간을 잘 활용하면, 여유로운(?) 생활까지 즐길 수 있으니 그보다 더 좋은 직업이 있을까 싶었다.

하지만 상당수 교사들이 자신의 직업 선택에 후회를 하고 있다니 교권 침해가 얼마나 심각한 수준에 이르렀는지 알 수 있다.

하지만 상당수 교사들이 자신의 직업 선택에 후회를 하고 있다니 교권 침해가 얼마나 심각한 수준에 이르렀는지 알 수 있다.

물론, 참스승이 없다는 쓴 소리도 없지 않다. 그도 그럴 것이 모든 선생님이 다 존경받을 수는 없는 안타까운 현실에 기인한다.

지난 2015년 3~4월 두 달 새 충북 교단에서는 4건의 성 추문 관련 사안이 터졌다. 한 20대 남자 교사는 주점이나 노래방 회식 도중 같은 학교 여교사 4명을 잇달아 성추행한 사실이 드러나 파면됐다.

모 중학교 교장은 비정규직으로 근무하는 한 여성의 입을 강제로 맞춘 혐의로 처벌받기도 했다. 한 고등학교 50대 교사는 보충수업 시간에 여고생에게 성희롱 발언을 해 직위 해제됐다. 한 초등학교 특수교사는 임용되기 전에 저지른 성범죄가 밝혀져 법정 구속되기도 했다.

한마디로 총체적 난국이다. 이런 교사들을 보고 우리 학생들이 무엇을 배울 수 있겠느냐는 자조 섞인 이야기도 심심찮게 들리고 있다.

일각에서는 우리나라 교육이 실패했다는 지적도 나온다. 바른 인성교육은 외면하고 학력지상주의에 함몰돼 학생들에게 기능적·기술적·방법론적인 주입식 교육에만 매달려 왔기 때문이라고 주장하고 있다. 또한 다른 한편에서는 학교에서 학력신장교육을 하여야지 인성교육에만 매달릴 수는 없지 않은가에 대하여 목소리를 높인다. 그러나 바른 인성교육도 필요하고 학력신장교육도 필요하다고 생각한다. 다만 적정수준을 어떻게 찾아내느냐가 문제인 것이다.

우리는 허위에서 벗어나 실다움의 자기자리로 돌아가야 한다. 이제라도 모든 것을 제자리로 돌려놓자. 대한민국 국민이라는 사실이 더 이상 부끄럽지 않도록 말이다.

참척(慘慽)의 고통을 아는가

나는 여기 망실하게 있는데
너는 내 곁에 다시는 올 수 없다니
새순 돋고 꽃이 피어도 서럽다.
하늘보다 더 서럽고 바다보다 더 서럽다.

김수열 시인은 이 세상에 존재하는 고통 중 가장 큰 참척(慘慽)의 고통을 그렇게 절규했다. 꽃다운 청춘들이 진도 맹골수도에서 영문도 모르고 속수무책으로 죽어간 이후, 먹지도 제대로 잘 수도 없었던 부모들의 심정이 오죽했을까. 부모가 자식을 앞세우는 참척의 고통을 견디기까지 눈물은 또 얼마나 많이 흘려야 했을까. 살아있는 자가 감히 어떤 말로 그 고통을 대신할 수 있을까. 사망 295명, 실종 9명. 수많은 생명을 앗아간 세월호와 같은 비극이 더 이상 이 땅에서 일어나서는 안 된다는 절규가 터져 나오는 것은 당연한 일이다. 그래서 누군가에게는 봄이 희망의 징조로 생각될지 모르겠지만 세월호 유가족들에게 4월은 여전히 잔인하고 가슴 아픈 계절일 수밖에 없다.

'운명의 장난(the irony of fate)' 처럼 박근혜 전 대통령이 파면되자 세월호가 인양됐다. 세월호가 인양되는 날, 목포신항을 찾았다. 자식을 키우는 부모 된 심정으로 달려간 목포에는 자식 잃은 부모와 형제들의 절규가 가득했다.

거칠게 긁히고 녹슨 세월호의 모습을 보면서 캄캄하고 차가운 바다 속에서 죽음과 마주했을 이들의 공포가 얼마나 컸을까를 생각하니 몸서리가 쳐졌다.

사랑하는 사람을 잃는 단장(斷腸)의 아픔을 아는지 모르는지, 세월도 그렇게 무심히 흘러가고 있다.

그래서 다짐했다. 꽃 같은 청춘들이 더 이상 무능한 리더로 인해 목숨을 잃는 일이 없도록 하자고 다짐하고 또 다짐했다.

청주대학교 총장 재임 시절, 세월호 참사 500일을 맞아 대학에서 추모 사진전을 연 것도 그러한 다짐의 일환이었다. 세월호 유가족과 아픔을 함께하기 위한 전시회는 '아이들의 방' 이란 주제로 세월호 참사로 인해 희생된 고인들의 방을 찍은 사진들을 전시해 많은 이들에게 그날의 아픔을 되새기고, 그러한 불행한 사태가 재발되지 않도록 하자고 다짐하는 염원의 마당이었다.

영국의 시인 T. S. 엘리엇은 그의 시 '황무지' 에서 4월은 잔인한 달이라고 했다. 죽은 땅에서 라일락을 키워내고 추억과 욕정을 뒤섞고 잠든 뿌리를 봄비로 깨운다고 읊조렸지만, 역설적이게도 우리에게 4월은 잔인한 계절로 기록될 수밖에 없게 됐다.

더 잔인한 건 '망각' 이라는 사실이다. 그래서 2014년 4월 16일을 잊을 수 없다. 부패한 가지 끝에서 '진실' 이 꽃 피기까지 절대로 잊어서도 안 된다.

"배안에서 기다리라." 며 수많은 목숨을 수장시킨 이유와 그 일곱 시간 동안 대한민국의 컨트롤 타워인 청와대에서는 도대체 무슨 일이 있었는지 밝혀내야 한다. 누구에겐 자랑스러운 아빠이고 따뜻한 엄마이며, 누구에겐 눈에 넣어도 아프지 않은 자식들을 캄캄한 바다 속에 수장시킨 책임을 밝혀야 한다.

이 땅에서 이 같은 참사가 되풀이되지 않도록 더 안전한 나라를 만들어가는 것도 우리에게 던져진 숙제다.

세월호의 목적지는 분명 제주였고 목포가 아니었듯, 우리의 앞날도 위선과 거짓이 아닌 정직과 진실이 종착역이 돼야 한다. 어둠은 빛을 이길 수 없고 거짓은 진실을 이길 수 없다.

봄이 온다. 꽃 피고 신록이 움트는 봄이 성큼 다가오고 있다. 그런데도 왜 이렇게 가슴이 시린지 모르겠다.

하늘에 있는 딸에게 보낸 어느 엄마의 편지가 그래서 더 절절하고, 더 먹먹하게 다가온다.

"사랑하는 딸! 너와 이별한지 3년이 다 됐는데, 아직도 저녁때가 되면 네가 문을 열고 들어올 것 같아 자꾸만 문 쪽을 바라보게 된단다. 엄마 딸로 태어나줘서 고마웠고 행복했어. 그리고 지켜주지 못해 미안해. 너무 너무 보고 싶다. 내 딸아!"

▲2014년 4월 16일 그날의 슬픔을 영원히 잊을 수 없습니다.

일본 침몰

일본 스루가만에서 강도 10이 넘는 엄청난 파괴력의 대지진이 발생한다. 이어 도쿄, 큐슈 등 전역에서 지진이 발생해 일본 전역은 공포에 휩싸이게 된다. 미국 지질학회는 이것이 일본의 지각 아래 있는 태평양 플레이트가 상부 맨틀과 하부 맨틀의 경계 면에 급속하게 끼어들어 발생하는 이상 현상으로, 일본열도가 40년 안에 침몰하게 될 것이라는 연구결과를 발표한다.

미국의 가설에 의문을 품은 지구과학박사 타도코로는 독자적으로 조사를 실시해 놀라운 사실을 발견하게 된다. 지구온난화로 인해 발생된 다량의 박테리아가 메탄가스를 생성, 그것이 윤활유 작용을 통해 태평양 플레이트의 움직임을 가속화 시켜 정확히 338일 후 일본이 침몰하게 된다는 것이다.

각료들은 국민을 외면한 채 해외로 도망가기 바쁘고, 불안감에 휩싸인 일본인들은 하늘로, 바다로 피난처를 찾아 떠나느라 전국은 아수라장이 된다. 그러는 사이 해일과 분화로 인해 더욱 강력해진 지진이 발생하면서 희생자는 시시각각 늘어난다.

2006년 제작된 히구치 신지 감독의 영화 '일본침몰' 의 줄거리다.

제목이 주는 판타지가 한국 관객들을 자극하며 국내에서 개봉 후 일주일간 박스오피스 1위를 달렸던 영화이기도 하다.

일본은 필자가 자주 찾는 나라다. 경제정책과 주요 교육정책 등을 살피고, 우리의 현실과 비교하기 위해서이다.

지난해 노벨 생리의학상 수상자로 오스미 요시노리 교수가 선정되면서 지금까지 모두 25명의 노벨상 수상자를 배출한 일본답게 그들의 대학과 연구소 등을 둘러볼 때면 하루가 다르게 변화하는 그들의 발달상에 놀라움을 금할 수 없다.

한국 침탈의 원흉에 대한 부정적인 시각에도 불구하고 일본인들에게도 분명 배울 점이 적지 않다. 호텔을 가든, 쇼핑센터에 가든, 식당을 가든 일본인들의 '친절함'은 우리가 쉽게 따라갈 수 없는 문화로 자리 잡은 지 오래다. 그러나 독도찬탈 야욕을 여전히 버리지 못하고, 우리의 고귀한 위안부 할머니들에 대해 진정성 있는 사과한마디 하지 않으니 그것이 문제다.

이솝우화를 보면 '욕심쟁이 개'에 대한 이야기가 나온다.

어느 날 배고픈 개가 잔칫집에 들러 고기 한 덩이를 얻었다. 입에 고기를 문 개는 신이 나서 개울 위에 놓인 다리를 건너고 있었다. 그런데 다리 중간쯤에서 문득 밑을 내려다보니 거기에도 웬 개 한마리가 입에 고기를 물고 있는 게 아닌가. 게다가 물속의 개가 가진 고기는 제 것보다 더 커 보였다.

'옳지! 저 걸 빼앗아야지.' 욕심 많은 개는 물속의 개를 향해 큰 소리로 짖었다.

"멍! 멍!"

순간 물고 있던 고기가 첨벙하고 물에 떨어져버렸다. 짧은 우화지만 많은 교훈을 담고 있다. 마치 일본인들의 심보를 말해주는 것 같아 웃프다.

독도의 일본식 명칭인 '다케시마(竹島)'를 뒤집어 말하면 '마시케다(맛있겠다)'가 된다. 시도 때도 없이 독도는 자기네 땅이라며 컹컹 짖어대는 일본인들의 야만적인 등쌀을 에둘러 표현한 얘기다.

일본은 여전히 독도를 자기네 영토라고 주장하며 방위백서에 첨부된 지도에도 독도를 일본 영해와 영공으로 명시하고 있다.

게다가 중국과 영유권 다툼이 벌어지는 '댜오위다오(釣魚島·일본명 센카쿠 열도)'' 도 제 땅이라며 '네 것도 내 것, 내 것도 내 것, 모두 다 내 것' 이라는 억지를 부리고 있다.

대동아공영의 미명하에 대한민국과 중국, 동남아시아 국가들에 끼친 만행을 뉘우치기는커녕, 여전히 영토 확장의 망령에 사로잡혀 독도에 대한 분쟁을 끊임없이 야기하는 그들을 보면 절로 욕지기가 난다.

1900년 고종은 '대한제국 칙령 제41호' 를 통해 독도가 대한제국의 영토라는 사실을 선포한 바 있다. 그보다 훨씬 앞선 1696년 1월 일본 도쿠가와 막부도 정부문서(朝鮮通交大紀)를 통해 "독도는 일찍이 그 나라(대한민국) 땅임을 의심할 수 없다." 고 기록했다. 1877년 메이지(明治)정부 역시 "독도는 우리와 관계없다(本邦關係無之)." 고 인정했다.

독도는 과거에도 그랬고, 지금도 그러하고, 앞으로도 영원한 대한민국의 영토이다. 일제치하 36년 동안 독도를 점령했었다는 엉뚱한 망상에 사로잡혀 지속적으로 헛소리를 해봤자, 섬나라 일본은 21세기 남의 나라 영토를 탐내는 탐욕스러운 가장 미개한 국가라는 사실을 자인할 뿐이다.

일제 강점 36년의 피맺힌 세월에 종지부를 찍은 원자폭탄 두 방을 맞고 아직도 억지를 부리는 것을 보면서 북핵문제와도 마주하고 있는 우리로서는 자주국방을 위해 국력을 키우고 또 키워야 한다는 사실을 새삼 깨닫게 된다.

교육자로서, 교육행정가로서, 언론인으로서, 시민운동활동가로서 일본인에 대한 독자들의 엄중한 문책을 무릅쓰고 전하고 싶은 말이 있다.

"왜놈들이여! 제발 망상에서 깨어나라. 당신들이 할 일은 끊임없이 독도 침탈 야욕을 드러내는 것이 아니라, 국토 강제침탈, 위안부 강제동원 등 과거 전쟁범죄에 대한 진정한 반성과 사과가 먼저이다. 영화 '일본침몰(Sinking of Japan)' 이 현실이 되지 않도록 반성하고 또 반성해야 한다." 라고 외친다. 그리고 우리도 일본에게 모욕당하지 않기 위해서는 튼튼한 안보를 바탕으로 정정당당한 외교력을 발휘해야 하고, 다양한 민간교류를 통해 우리나라의 정당한 대일정책을 당당하게 주장해야 한다.

영화 '연평해전' 을 보고

      2002년 6월 한국과 터키의 월드컵 3, 4위전으로 온 나라가 뜨겁게 들썩이던 날, 서해 연평도에서 포성이 울린다. 북한 경비정의 기습 공격을 받은 참수리급 고속정 357호가 침몰하고, 정장인 윤영하 소령을 비롯해 한상국 상사, 조천형 · 황도현 · 서후원 중사, 박동혁 병장 등 6명이 전사하고 18명이 부상을 입는다.

  청주대학교 총장시절 2015년 6월 개봉한 영화 '연평해전' 을 유병갑 부총장을 비롯해 각 처장, 단과대학 학장, 각 부서 팀장 등 50여 명과 함께 관람했다.

  이날 단체 영화 관람은 군사학과, 항공운항학과 등을 개설하고 평화안보연구소를 설립하는 등 국방안보 관련 학과의 특성화를 위해 노력하고 있는 청주대학교에서 국가안보의 중요성에 대한 공감대를 형성하기 위해 추진했다.

  그러나 영화를 보는 내내 태극물결로 물들었던 그날의 함성보다 더 뜨거웠던 우리 젊은이들의 실전 휴먼스토리를 보면서 흐르는 눈물을 주체할 수 없었던 기억이 또렷하다.

  사선을 넘나들며 북한군에 맞서 싸우는 젊은이들의 처절한 사투가 빚어지고 있는 사실조차 모른 채 월드컵 응원에 매달렸던 그 때를 떠올리며 죄책감마저 들었다.

  특히 말 못하는 청각장애인 어머니를 둔 박동혁 병장의 주검과 아내의 뱃속에서 새로운 생명이 자라고 있다는 사실조차 모른 채 바다에서 눈을 감아야 했던 한상국 하사의 참혹한 죽음 앞에서 분단 조국의 현실을 또 한 번 실감할 수 있었다.

오죽하면 한상국 하사의 부인이 장례식을 마친 뒤 대한민국을 떠나 외국으로 이민을 떠나버렸을까 생각하니 그녀의 아픔이 고스란히 전달되는 것 같아 더욱 숨죽여 흐느낄 수밖에 없었다. 영화를 보는 내내 마음이 아팠고 가슴이 시렸다.

 그런 일이 또 다시 발생해서는 절대로 안 되지만, 이순(耳順)을 넘긴 나이에도 그런 상황이라면 자원입대를 해서 북한군에 맞서 싸우고 싶은 분노가 가슴속에서 솟구치는 것을 느꼈다.

 따라서 우리는 대한민국 젊은이들이 국민의 생명과 안전을 지키기 위해 조국의 바다에서 산화한 그 날을, 그 애국심과 고마움을 잊지 말아야 한다.

 때늦은 감이 없지 않지만 제2연평해전 전사자 유가족들이 정당한 보상을 받을 수 있도록 하는 제2연평해전 전사자 보상에 관한 특별법안이 지난해 12월 국회 본회의를 통과했다는 점은 그나마 위안이라면 위안이다.

 앞서, 국회는 '전사자'에 대한 낮은 보상수준을 해결하기 위해 지난 2004년 군인연금법에 전사 보상기준을 신설하는 내용의 군인연금법을 의결한 바 있다. 그러나 이 법안이 소급 적용되지 않으면서 제2연평해전 전사자는 '전사'가 아닌 '일반 순직' 기준의 보상금을 받는 문제가 발생했었다.

 문제는 그러한 특별법 제정도 중요하고, 그리고 다시는 이러한 불행한 사태가 절대로 재발되지 않도록 해야 한다는 점이다.

 문재인 정부 들어 군인의 복무기간을 단축하는 등 고강도 국방개혁과제를 추진하고 있지만 잘못된 병영문화를 하루빨리 뜯어 고치는 것도 시급히 해결해야 할 숙제다.

금쪽같은 자식을 군대에 보낼 때 부모들이 가장 걱정하는 것은 선임병의 강압에 의한 구타 등 잘못된 병영문화이다. 혹시 기합은 받지 않을까, 왕따를 당하지는 않을까, 혹시 두들겨 맞지는 않을까 불면의 밤을 보내게 된다.

지난 2014년 동료 병사에게 수류탄을 던지고 총기를 난사해 5명을 살해하고 7명을 다치게 했던 육군 22사단 임모 병장 사건은 수년이 흘렀지만 지금 생각해도 끔찍하기만 하다.

이 시간에도 62만 명의 아들·딸들이 군(軍)에서 먹고 잔다. 군복을 입고 지나가는 군인만 봐도 내 자식 같아 한 번 더 쳐다보는 게 우리네 부모들의 심정이다. 우리는 이들 군인들에게 배려하고 존경의 마음을 전해야 한다고 생각한다. 군인이란 사기를 먹고 사는 존재이기 때문이다. 그래야만 자신의 생명을 던져야 하는 전쟁이 발발했을 때 국민을 위해 국가를 위해 목숨을 던지지 않겠는가를 생각해 본다.

그리고 군생활 중에 목숨을 잃었거나 부상을 입은 군인들에 대해서도 국가적 측면에서 최상의 보상과 예우가 있어야 한다고 생각한다. 그래야만 그들이 국가를 위해 국민을 위해 자발적 의지를 가지고 나아가 싸우지 않겠는가에 대해서도 깊이 생각해 본다.

정부는 병역의무의 숭고한 이념을 지키기 위해서라도 군에 쏟아지는 의문과 불신을 걷어내는 강도 높은 국방개혁에 나서야 한다. 그리고 신성한 병역의무를 수행하는 것이 대한민국 남아로서 얼마나 자랑스러운 일인가 대해서도 국민들의 안보관 확립과 안보문화를 만들어 나아가야 한다고 생각한다. 이에 좌고우면할 이유가 하등에 없다.

마음을 다스리는 글

1. 몸에 병이 없기를 바라지 말라.
몸에 병이 없으면 탐욕이 생기기 쉽다.
그래서 病苦(병고)로써 良藥(양약)을 삼으라.

2. 인생살이에 어려움이 없기를 바라지 말라.
인생살이에 어려움이 없으면 교만한 마음과 사치한 마음이 일어나기 쉽다.
그래서 고민과 어려움으로 인생을 살아가라.

3. 마음 공부하면서 마음에 장애 없기를 바라지 말라.
마음에 장애가 없으면 배우는 것이 넘쳐서 마음 찾기가 쉽지 않다.
그래서 장애 속에서 마음을 찾으라.

4. 수행하면서 마(魔) 없기를 바라지 말라.
수행하는 데에 마가 없으면 서원이 약화해 지기 쉽다.
그래서 모든 마를 포용하여 벗을 삼으면서 수행하라.

5. 일을 계획하면서 그 일이 쉽게 이루어지기를 바라지 말라.
일이 쉽게 풀리면 뜻이 경솔해지기 쉽다.

그래서 장기간의 세월을 두고 일을 성취하라.

6. 남이 내 뜻대로 순종해 주기를 바라지 말라.
남이 내 뜻대로 순종해 주면 마음이 스스로 교만해 지기 쉽다.
그래서 내 뜻에 맞지 않은 사람들로 무리를 이루어 그들 속에서 배우라.

 7. 봉사와 사랑을 베풀면서 그 대가를 바라지 말라.
그 대가를 바라게 되면 불순한 마음이 생기기 쉽다.
그래서 공덕을 베푼 것을 마음속에서 지워 버려라.

 8. 한꺼번에 커다란 이익을 바라지 말라.
이익이 지나치면 어리석은 마음이 동하고
다른 사람을 억울하게 만들기 쉽다.
그래서 적은 이익으로서 부자가 되라.

 9. 억울함을 당할 지라도 굳이 변명하려고 하지 말라.
억울함을 변명하다보면 원망하는 마음이 생기기 쉽다.
그래서 억울함을 당하는 것으로 수행의 문을 삼으라.

 10. 소인에게 너무 많은 권력을 주지 말라.
분수에 맞지 않게 소인에게 너무 많은 권력이 생기게 되면
그것을 잘못 휘둘러 다른 사람들을 억울하게 만들기 쉽다.
그래서 우리 사회를 선량하게 만드는 대인을 많이 배양하라.

▲우리는 대한민국의 젊은이들이 국민의 안전과 생명을 지키기 위해 국방의 의무를 다하는 그 애국심과 고마움을 잊지 말아야한다. (사진은 청주대 총장 재임시절 ROCT 학군사관 후보생들과 함께 했던 모습)

Part 3

정책 제언

백운화상직지심체요절의 가치

　　　　　　　　세계인류문화사에 있어서 혁명적 변화를 5단계로 구분할 수 있다. 제1단계는 언어의 출현, 제2단계 문자의 발명, 제3단계 금속활자의 발명, 제4단계 컴퓨터의 발명, 제5단계는 유비쿼터스의 발명으로 구분할 수 있다. 이 중 인류문화사의 제3단계인 금속활자 발명의 발상지가 바로 우리 고장 청주의 흥덕사이다. 우리 민족의 수많은 위업 가운데 세계인류문화사에서 가장 빛나고 자랑스러운 위업으로 검증된 것을 든다면 현존하는 세계최고(世界最古)의 금속활자본인 직지심체요절을 꼽을 수 있다.

　지금으로부터 646년 전인 고려 공민왕 21년(1372년)에 백운화상이 선풍(禪風)을 진작시키고자 75세의 노구를 이끌고 초록한 직지심체요절(直指心體要節)은 그가 입적한지 4년 후 우왕 3년(1377년) 7월 청주목외 흥덕사(清州牧外 興德寺)에서 금속활자본으로 인쇄·발간됐다.

　금속활자의 발명은 서적을 비롯한 각종 인쇄물의 대량생산을 의미하며, 이에 따라 지식의 대량 확산과 함께 급속한 보급이 이뤄졌음을 의미하는 것이다.

'교육의 도시 청주' 라는 칭호는 단순히 다른 도시와 비교해 학교 수와 학생 수가 많아서 붙여진 명칭이 아니라, 역사적으로 세계최고의 금속활자본을 인쇄한 도시와도 일맥상통하여 붙여진 칭호라고 생각된다. 따라서 청주는 역사적으로 볼 때도 세계 최고의 '교육의 도시' 라 불러도 손색이 없다고 생각한다.

그렇다면 현재 청주시가 세계 최고의 교육도시로 체계가 구축되었느냐에 대한 질문에 청주시민 중 몇 명이나 자신 있게 긍정적으로 답변할 수 있을까에 대해서는 의문이다. 아마도 부정적인 답변이 대부분일 것이다.

미래의 청주를 세계 최고의 교육 도시로 만들 수 있겠는가라는 질문에 대해서도 청주시민들은 우리의 노력 여하에 따라 가능할 수도 있고, 그렇지 않을 수도 있다는 애매하게 답할 것이다. 앞으로 청주시를 '세계 최고의 교육도시' 로 만들기 위해서는 청주 시민 스스로 모든 역량과 지식을 모아 나가야 한다고 생각한다.

난, 이 '교육의 도시' 청주를 충북으로 확대해야 한다고 생각한다. 디지털시대, 유비쿼터스 시대에 이를 청주에서 충북으로 확대하더라도 아무런 문제가 없다고 생각한다. 우리 충북도민들께서 공감해 주시고 동의를 해주실 때 가능한 것이다. 충북의 아름다운 자연을 의미하는 청풍명월(淸風明月)의 고장,선비와 양반의 고장과 '교육의 도시' 와의 상호 상관관계가 명확하기 때문에 '교육의 도시 청주' 를 '교육의 도시 충북' 으로 바꾸어 부르고자 한다. 따라서 충북은 앞으로의 교육의 도시답게 세계에서 최고로 책을 많이 읽는 시민이 사는 지역, 세계에서 최고로 인쇄술이 발달한 지역, 세계 최고수준의 학자와 학교가 있는 지역, 세계에서 최고의 지식과 함께 과학문명 · 문화예술이 발달한 지역이 되어야 한다. 그래서 충북의 교육경쟁력이 높아지면 지역전체의 산업경쟁력도 높아지고 지역발전도 이루어진다는 사실은 역사적 교훈인 것이다. 이 같은 사실을 인식하고 실천해 나아갈 때 우리 충청북도가 '세계 최고의 교육도시' 로 태어나는 것이다.

4월 23일은 '세계 책의 날'이다. 스페인 카탈루냐 지방풍습을 따라 1995년 유네스코가 '책과 저작권의 날' 로 지정한 날이기도 하다. 그런데 같은 날 세계적 대문호인 세르반테스와 셰익스피어가 저 세상으로 간 것을 기리고 이를 세계인의 독서진흥의 계기로 삼기 위해 4월 23일을 '책의 날'로 정했다고 도 한다. 이날을 기념하기 위해 우리나라를 비롯한 세계 80여 국에서는 다채로운 행사를 갖는다.

그런데 우리나라에서는 대한출판협회에서 팔만대장경을 완성한 날을 기념해 지정한 '책의 날'이 정작 10월 11일이라는 사실을 기억하는 사람은 거의 없을 것이다. 씁쓸한 마음을 금할 길이 없다.

책은 모든 지식과 과학문명을 창출하는 원천이다. 앞으로 책, 인쇄, 지식과 관련한 모든 행사는 대한민국 그 어떤 곳이 아니라 직지심체요절을 인쇄·발간한 지역, 충청북도에서 주관할 것을 제안하는 바이다. 충북이 '세계 최고의 교육 도시'로 가는 첫 번째 프로그램으로 만드는 것도 직지심체요절의 가치를 높이는 지름길이라 생각된다.

대한민국의 미래 비전

100년 전 대한민국
현재의 위상
100년 후 대한민국

인도의 어떤 왕이 장님 여섯 명을 불러 손으로 코끼리를 만져보고 소감을 말하도록 했다. 그러자 상아(이빨), 다리, 귀, 등과 배, 꼬리를 만진 장님들은 절구공이 또는 밧줄 등 제각기 다른 답을 말했다. 그러자, 왕은 "코끼리는 하나이거늘, 저 여섯 장님은 제각기 자기가 알고 있는 것만을 말하는구나. 진리를 아는 것도 또한 이와 같은 것."이라고 꼬집었다.

이 우화는 사람은 누구나 자기가 알고 있는 만큼만 이해하고 고집하려 한다는 사실을 깨우쳐 주는 것으로, 자기주장만 내세우거나 바른 눈과 귀로 제대로 보고 듣지 않으면 옳지 않다는 교훈을 담고 있다.

경제체제 역시 이러한 맹자모상(盲者摸象)의 역설처럼, 자본주의(Capitalism)와 사회주의(Socialism)로 나뉘어 자유와 경쟁, 평등과 공존의 가치에 따라 지난 100년을 지탱해 온 것처럼, 앞으로 100년도 새로운 이념과 방향에 따라 새로운 가치를 창출해 나갈 것으로 전망된다.

작금의 우리나라 상황을 보더라도, 복지와 증세, 자유경쟁과 양극화, 자유와 평등, 효율과 공평, 경제성장과 소득분배의 가치를 놓고 이념이 상충되고 개념이 충돌하고 있는 게 사실이다.

보수는 공동체 가치 실현을 위해 자유, 경쟁, 효율, 전통을 근간으로 삼는 반면, 진보는 평등, 공평, 공존, 미래를 가치 실현의 모토로 삼고 있다.

게다가 공동체 가치 실현의 이념이 진보, 중도, 보수에 따라 나뉘고, 또 민주주의와 그 속의 중산층, 지방화·분권화·세계화의 추세에 따라 개념이 새롭게 정립되고 새로운 질서가 형성되고 있다.

그런 점에서 △대한민국이란 공동체는 지난 100년간 어떤 꿈을 꾸고 어떻게 살아왔는가 △세계 경제에 있어 현재의 위상은 어느 정도인가 △앞으로 100년간 어떤 꿈을 꾸고 어떻게 살아갈 것인가에 대한 진지한 고민과 성찰이 필요한 시점에 있다.

100년 전 대한민국을 되돌아보면 1895년 을미사변-명성왕후 시해사건, 친일내각-군대개혁, 1905년 을사조약-외교권 박탈, 1910년 한·일 합병-식민지시대 등 한반도를 둘러싸고 일본, 청나라, 러시아의 세력 각축전이 치열하게 전개됐다. 한반도를 둘러싸고 전개되었던 100년 전의 주변 강대국들의 치열한 각축전과 100년이 지난 2018년 현대적 관점에서 한반도를 둘러싸고 전개되는 주변 강대국들의 행태를 보면 참으로 유사하다는 점을 확인할 수 있는 것이다. 그래서 우리 대한민국이 당당한 주체성을 갖고 선진경제국가가 되어야 하고, 이를 바탕으로 강력한 국방력을 갖추고, 실력 있고 지혜로운 외교력을 갖추어야 한다고 생각한다.

특히 1897년 고종황제는 '조선'을 '대한제국'으로 국호를 제정하여 공표하고, 일본·중국과 수평적 관계를 천명하기 위해 '황제'라는 칭호를 사용했다.

당시 대한제국의 목표는 일본, 중국, 러시아의 침략으로부터 탈피하기 위한 자주독립국가를 천명하고, 상공업 발전을 도모하는 근대국가로 도약하는 계기를 마련했다. 또한 헌법을 정비하고 국기와 국가를 제정했으며, 독립문을 세우고 독립신문도 발행했다. 헤이그에 특사를 파견하고 파리 만국박람회에 참가하여 '대한제국관'을 설치하는 등 자주독립을 위해서도 부단히 노력했다.

특히 상공업발전계획을 수립하여 방직공장과 유리공장을 건립하고 근대적인 학교와 병원을 건립하는 한편, 서울에 전철을 설치하고 철도를 건설하는 등 근대국가 건설을 위해서도 매진했다.

그러나 1910년 일본은 강제적으로 군대를 동원하여 대한제국을 강점했고 대한제국은 일본국의 식민지가 되었다. 이로 인해 그 당시 대한제국의 그러한 노력과 근대국가 건설의 꿈은 실패로 돌아갔고 자주독립국가의 희망도, 근대국가의 청사진도 사라졌던 것이다.

그러나 지난 100년의 전반부 50년은 일제병합기와 6.25동란으로 인한 좌절과 실패의 기간이었다면, 후반기 50년은 1960년대 근대화의 본격적인 대장정을 시작으로 세계에서 가장 가난한 국가 중 하나였던 우리나라가 세계화를 기치로 세계 10대권 국가에 진입하는 초석을 다진 기간으로 평가할 수 있다.

1960년 1인당 국민소득 100불 미만이었던 우리나라는 2010년 2만 불 수준으로, 그리고 올해 3만 불 시대를 맞이하고 있다.

1970년대부터 1990년 초까지 산업화·민주화의 욕구가 분출한 이래 아직도 산업화·세계화·민주화를 동시에 이루기 위한 과정에 있긴 하지만, 우리나라는 분명 중진국의 선두주자로 우뚝 섰고, 선진국 진입을 위한 국가전략을 착실히 추진해 나가고 있는 상황이다.

하지만 4만 불, 5만 불 시대로 나아가기 위해서는 해결해야 할 과제가 산적해 있다.

우선, 자본주의의 공동체 가치를 재정립하고, 산업·기업·자산·소득·기회 등 경제의 양극화 현상을 해소하는데 주력해야 한다. 아울러 교육·기술·산업·금융·경제 질서 등 미래 성장동력을 창출하고 정당제도, 정치구조, 정치문화 등 정치질서의 선진화를 도모해야 한다.

특히 1인당 국민소득 5만 불 이상의 선진 국가, 정치적으로 안정된 자유민주주의 확대, 문화 선진국가이자 통일국가의 실현을 위한 비전을 달성하기 위해서는 새로운 100년을 준비하는 정책과 그러한 비전을 달성하기 위한 새로운 패러다임을 만들어 실천해야 한다.

물론, 장애요인도 적지 않다. 인구 감소, 미국·중국·일본·러시아 등 주변 4대국의 이해관계 상충, 통일의지 감소, 지역이기주의, 대기업과 부유층의 탐욕주의는 반드시 극복해야 할 선결요인으로 지적된다.

이와 함께 통일국가 실현을 위해서는 창조적이고 새로운 경제적·사회적·정치적 패러다임으로 통합을 이뤄 평화와 번영의 길로 나아가야 한다. 또한 경제교류 → 사회적·정치적 교류 → 남북 신뢰회복 → 경제통합 → 사회적·정치적 통합이 순차적으로 이뤄져야 한다.

특히 통일국가·선진국가 실현을 위해서는 통일에 대한 국민들의 강력한 의지가 있어야 하고, 지역이기주의를 극복해야 한다. 무엇보다 주변 열강인 미국, 중국, 일본, 러시아 등 4개국을 반대세력이 아닌 통일에 대한 협력세력으로 만들어야 하고, 북한 동포들에게도 통일에 대한 비전과 희망을 심어줘야 한다.

이밖에도 사용자-노동자 관계, 대기업-중소기업-소상공인 관계, 소득·자산·권력 등에 있어 상위계층-하위계층의 관계, 수도권-비수도권의 관계, 남한과 북한, 보수와 진보를 아우를 수 있는 '통합의 통일리더십' 이 필요하다고 생각한다.

문제는 미래에 대한 고민이 없으면 발전도 없다는 점이다.

지난 100년의 도전을 바탕으로 새로운 미래 100년을 희망으로 노래하기 위해서는 새로운 100년의 기획하고 새로운 패러다임을 만들고 새로운 제도, 새로운 정책을 창출해 내야 한다. 또한 새로운 100년의 미래 비전을 수립하고, 이를 실현할 미래형 인재를 양성하는 종합교육시스템을 만드는 작업부터 출발해야 한다고 생각한다.

북(BOOK)소리를 울려라

"당분간 본전(本殿)에 나오지 말고 집에서 열심히 독서를 하라." 조선 세종 8년(1426년) 집현전 학자 권채, 신석견, 남수문에게 어명이 떨어진다. 공무에 치여 제대로 책을 읽을 수 없는 학자들에게 집에서 쉬면서 책을 읽도록 하는 '사가독서제(賜暇讀書制)' 이다. 세종은 짧게는 몇 달, 길게는 3년간 집이나 한적한 사찰에서 책을 읽도록 했다. 그 동안 녹봉은 물론 음식과 의복까지 내렸다. 더 높은 학식과 교양을 쌓아 국민을 섬길 수 있는 진정한 정책을 만들라는 깊은 뜻이 담겨 있었다.

사가독서제는 세조 때 집현전 혁파와 함께 폐지됐다가 독서를 즐겼던 성종에 의해 부활된 뒤 300년 이상 조정의 대소신료들이 덕망을 쌓는 밑거름이 됐다.

이처럼 사고의 깊이를 더하고 지혜를 얻는 데는 책만큼 좋은 것이 없다. 스마트폰이나 게임에 밀려 책을 멀리하는 요즘 세대들의 고갈된 지력(知力)을 높이는데도 독서만큼 좋은 게 없다. 웹, 모바일, 온라인, SNS(소셜네트워크서비스) 시대가 되다보니 '텍스트' 가 대접을 받지 못하고 있지만, 사고의 깊이를 더하고 지식을 함양하는 데 책을 따라 갈만한 것이 없다.

물론, 먹고 살기 바쁘고 챙겨야 할 일이 많은 현대인들에게 조선시대처럼 휴가까지 주면서 독서를 권할 여유는 없다.

안 그래도 학교 수업이 끝나자마자 태권도, 피아노, 영어 · 수학 학원으로 내몰리는 학생들에게 대학 입시와 상관없는 소설이나 수필, 시집을 권하는 것은 쉽지 않은 게 현실이다. 서점들이 줄줄이 문을 닫는 것을 보더라도 그러하다.

그렇다고 우리 미래 세대들이 책을 멀리 하는 것을 방기할 수도 없다. 세상이 아무리 변하고 즐길 거리, 볼거리가 널려 있어도 독서의 힘은 변하지 않는다. 읽어야 어휘가 늘고 표현이 다양해진다. 독서는 기억력 감퇴도 줄여준다.

더욱이 학생들을 가르치는 교사나 교수는 책을 더 많이 읽어야 한다. 그리고 학생들에게 책을 가까이 하도록 유도해야 한다.

필자도 새벽 4시에 일어나면 늘 3시간 이상은 책을 읽고 명상에 잠긴다. 지식과 아이디어, 인격과 정보, 그 이상의 지혜는 모두 책으로부터 나오기 때문이다. 물론 지혜는 자연으로부터, 또는 조상들의 슬기를 통해 터득할 수도 있고 동료나 선배, 지인들과의 대화를 통해서도 얻을 수 있다.

"모든 책을 다 읽을 수는 없다 하더라도, 최소한 만지기라도 해라. 쓰다듬고 쳐다보기라도 하라. 아무 페이지나 펼쳐서 아무거나 눈에 띄는 구절부터 읽어라, 책과 친구가 되지는 못하더라도 서로 잘 알고 지내는 것이 좋다."

2차 세계대전을 승리로 이끈 윈스턴 처칠의 말이다. 우리는 2차 세계대전이 끝난 뒤 영국의 국방장관과 총리를 지낸 정치인으로만 알고 있지만, 그는 노벨문학상 수상자이자 아름다운 수채화를 여러 편 남긴 화가로도 유명하다.

그의 말처럼 책이야말로 진정한 스승이다. 그 스승을 자주 만날 수 있는 교육제도 및 교육정책과 이를 실천할 교육프로그램의 개발이 절실하다.

공항이 살아야 지역도 산다

1997년 4월 개항한 청주 공항이 개항 21년을 맞고 있지만 아직까지 중부권 미래의 국제공항으로 역할을 하기에는 여러 가지 해결해야 할 과제가 많다. 사드(THAAD·고고도 미사일 방어체계) 배치로 한·중 관계가 급속히 냉각되면서 중국인들의 발길이 뚝 끊기고 청주공항엔 그야말로 냉기마저 감돌았다. 문재인 대통령의 방중 이후 해빙 모드가 조성되면서 다시 활기를 띌 것으로 기대했지만, 여전히 상황은 크게 나아지지 않고 있다.

외국인 관광객 가운데 유독 중국인들을 지칭해 '요우커(游客)'라고 구분하는 까닭은 그 숫자가 엄청나고 그들의 씀씀이가 크기 때문이다.

청주공항은 부정기 항공편을 제외하면 아직까지 변변한 국제노선도 없는 말 그대로 국제공항으로서의 역할을 하기보다는 '국내 공항'에 머무르고 있다.

문제는 충청권 시·도민이나 경북 북부·경기 남부지역 등 중부권 주민들조차 청주공항을 지척에 두고도 인천공항과 김포공항을 이용하느라 엄청난 시간과 비용을 낭비하고 있다는 점이다.

게다가 지난해 6월 '에어로K'가 청주공항을 모기지로 하는 국제항공운송사업 면허를 신청했으나 국토교통부는 여전히 승인을 머뭇거리고 있어 충청인들의 염원에 찬물을 끼얹고 있다. 자칫 기존 항공사들의 반발과 압력 때문에 승인이 나지 않는 것이라면 정부는 충청권 시·도민들의 엄청난 저항에 직면할 수도 있는 상황이다.

청주공항은 중부권 거점공항이자 세종특별자치시 관문공항으로써 오히려 더 많은 투자가 필요한 실정이다. 청주공항을 모기지로 하는 항공사 설립이 이뤄지면 국제노선 확충, 공항 활성화, 청년일자리 창출, 항공이용료 적정수준 인하 등 부가적인 효과도 크다. 청주공항의 하늘 길을 확대해 정상화의 기반을 마련할 수 있도록 정부의 전향적인 결단이 필요한 시점이다.

물론, 지방공항의 문제는 비단 어제 오늘의 일은 아니다. 일부 지방공항의 경우 부실이 한계를 넘어 지역발전을 저해하고 국가의 자원을 낭비하는 재앙요인으로 전락하고 있다는 분석이 나오고 있다. 이는 애초부터 지방공항 건설에 수요예측이나 경제적 효과 분석 따위는 없었기 때문이다. 다만 그 지역 유력인사의 영향력만이 존재했을 뿐이다. 이들 지방공항은 지역이기주의에 의한 지역연고 유력인사의 전방위 로비력의 결과로 건설됐기 때문이다.

실제로 경북 울진과 예천, 전북 김제, 전남 무안, 강원 양양공항 등 부실덩어리의 공항을 건설하는데 영향력을 행사한 유력 정치인과 해당 도지사, 시장, 군수, 당시 장·차관과 실무국장 등 정책결정 참여자 중 그 어느 누구도 책임을 지거나 잘못을 인정하는 유감이라도 표명한 인사는 없었다.

해당 지방공항의 수요예측을 잘못한 용역업체 전문가들도 아무런 책임을 지지 않는다. 잘못된 정책결정으로 엄청난 규모의 국가예산을 탕진해 버렸는데도 말이다.

오래전 감사원 지적에 의해 공정율 85% 상태에서 공사가 중단된 경북 울진공항은 일명 '김중권 공항' 이라 불린다. 하루 이용객이 50명에 불과할 것이라는 교통연구원의 분석 보고서가 있었지만 김대중 정부시절 핵심실세였던 김중권 청와대 비서실장이 영향력을 행사해 공항 건설을 시행했다는 데서 유래된 말이다.

10여 년 전 승객이 적어 폐쇄한 경북 예천공항은 일명 '유학성 공항' 이라 불린다.

5공화국 당시 실세로 명성을 떨치던 그 지역출신 국회의원 유학성 장군이 공군비행장을 민간비행장으로 변신시켜 조성했다는 데서 유래된 말이다. 전북 김제공항은 당시 실세인 정동영 국회의원의 영향력에 의해 정책결정이 이뤄져 공사가 시작됐지만 2004년 5월부터 공사가 중단된 상태다. 감사원이 수요예측을 과대하게 했다며 재검토를 지시했기 때문이었다.

2007년 개항한 전남 무안공항은 일명 '한화갑 공항'으로 불린다. 김대중 정부시절 실세였던 한화갑 당시 국회의원의 영향력에 의해 건설됐다고 해서 붙여진 말이다. 무안공항과 김제공항은 당시 정치적 상황하의 호남배려 차원에서 결정됐다는 것이 당시 정책을 결정한 담당 장관의 실토다.

이러한 지방공항의 심각한 부실문제를 해결하기 위해서는 기로에 서 있는 지방공항에 대해 경영혁신을 하느냐, 아니면 폐쇄해야 하느냐 대해 시급히 결정을 내려야 한다.

경영혁신을 하는데 주체가 민간이냐, 정부냐를 결정하는 것도 대단히 중요한 과제이다. 결국은 새로운 수요를 창출해 만성적자에서 어떻게 탈출하느냐에 귀착된다. 청주공항도 예외가 될 수는 없다. 청주공항의 하늘 길이 활짝 열릴 수 있도록 종합적인 장단기 대책을 세우고 각계의 노력이 필요하다.

세상 돌아가는 꼴이 참으로 답답하다. 국민이 낸 세금이 국민을 위하여 가장 적합하게 사용되어야 한다는 전제에서 볼 때 더욱 답답한 마음이다. 그 진원지가 과거의 정부였기에 더더욱 답답하다.

빈곤층은 늘어나는 데 대책은 없나

"선생님! 정치의 근본과 나라를 다스리는 원리는 무엇입니까?"

공자(孔子)의 수제자인 자공(子貢)이 물었다.

"정치의 근본은 세 가지다. 첫째는 족식(足食)이다. 국민의 의식주를 흡족하게 해 줘야 한다. 둘째는 족병(足兵)이다. 외세의 침략을 막기 위해 국방력을 튼튼히 해야 한다. 셋째는 민신지(民信之)이다. 국민이 나라를 믿고 안심하고 살아갈 수 있도록 나라의 도덕력과 공신력을 확립해야 한다."

논어(論語)의 안연편(顏淵篇)에 나오는 공자의 정치 철학이다.

작금의 상황은 어떠한가. 세계경제의 불확실성과 정부의 정책으로 인하여 특히 중소기업입장에서 보면 장기적인 경기침체로 중소기업과 소상공인들은 먹고 살기 힘들다고 아우성이고, 평창 동계올림픽을 계기로 북한과 해빙모드가 조성되고 있다고 하지만, 북핵 문제가 해결되지 않는 한 한반도 위기상황을 온전히 해소하기도 어려운 상황이다.

문재인 정부 출범이후 부정부패 및 적폐청산 작업이 한창이지만, 박근혜 전 대통령에 이어 이명박 전 대통령도 법의 심판을 면할 수 없는 지경에 다다랐다. 어디 하나 온전한 데가 없다.

'고용 없는 성장'도 현실화되고 있다. 경제성장은 이뤄지고 있는데, 일자리는 창출되지 않는 성장을 일컫는 말이다. IT(정보통신), BT(생명공학), NT(나노기술) 등 첨단기술이 발달하면 상품생산이 증가해 경제성장은 이뤄지지만, 그동안 사람이 하던 일을 기계로 대체하거나, 투자증가가 이뤄졌다 하더라도 일자리가 적게 발생돼 전체적으로는 경제성장에 비해 일자리 창출이 거의 발생하지 않는 경우를 말한다.

 우리나라와 같이 노사 문제, 비정규직 문제 등이 산업현장에서나 국회에서나 사회경제적으로 극한적인 상태가 지속되고 있고 제4차 산업혁명이 빠르게 전개되고 있는 상황에서는 '고용 없는 성장'이 더 빠르게 전개될 수밖에 없고, 아니면 '고용이 줄어드는 성장'이 다가올 수 있다는 사실이다.

 이에 따라 산업의 양극화, 기업의 양극화 현상이 나타나게 되고, 여기에서 소득의 양극화 현상이 파생하게 된다. 첨단산업 영역에 종사하는 사람은 고소득이 보장될 것이지만, 그렇지 않은 영역에 종사하는 사람은 저소득을 면하지 못하게 된다. 그리고 여기에도 속하지 못하는 사람은 실업자로 전락하게 된다. 이것이 빈곤층을 양산하도록 하는 우리 사회의 한 단면이다.

 특히 빈곤층 비율이 더욱 증가할 것으로 예상되고 있어 우려하지 않을 수 없다. 산업구조의 급속한 조정과정과 두 차례의 경제위기 과정, 그리고 이념우위정권의 정책변화 과정을 겪으면서 나타난 빈곤층 비율의 증가는 우리 사회를 혼돈의 상황으로 몰아넣고 있다. 빈곤층 증가로 파생되는 문제와 함께 우리사회 전반을 불안하게 만들고 있다. 이는 빈곤층에 속한 사람들만의 문제라고 접기에는 우리사회 전반에서 너무나 많은 문제가 파생된다. 부분적으로는 이들에게도 책임이 존재하겠지만, 사회구조적으로도 문제가 너무 많아 이들에게 전적으로 책임을 전가할 수도 없다.

 빈곤층 비율의 증가는 우리 사회의 문제이고, 정치의 문제이고, 경제의 문제이고,

기업의 문제이다. 우리 몸에서도 가장 소외 받고 있는 부분을 깨끗이 닦고 만져주고 관심을 기울이면 몸 전체가 건강해지듯, 우리사회에서도 소외받고 있는 빈곤층을 지원하는 정책을 추진하고 따뜻하게 배려해 이들을 건강하게 만든다면 우리사회 전체의 혼돈도 줄어들고 건강한 사회로 거듭 날 것이라고 확신한다.

　반면 중산층이 과거에 비해 현저히 줄어들고 있다는 점도 우려스러운 대목이다. 빈곤층이 크게 늘어난 반면, 상류층이 상당 수준 증가된 결과이다. 이는 경제구조적으로도 사회구조적으로도 커다란 문제가 내재해 있고, 또한 경제적ㆍ사회적ㆍ정치적 불안요인이 잠재돼 있다는 것을 반영한다.

　이는 정치지도자나 정치인의 의식의 문제이고, 행정의 문제이고, 경제정책의 문제이고, 중소기업의 경쟁력과 소상공인의 자생력의 문제이고, 노사대립의 문제이고, 공정거래질서의 문제이고, 기술시장구조의 문제이고, 비합리적인 교육정책의 문제이고, 언론의 문제이고, 이념대립의 문제인 것이다. 우리 사회전체 국가전체의 문제인 것이다.

　따라서 빈곤층의 비율은 줄이고 중산층의 비율을 높이기 위한 다각적이고 종합적이고 장ㆍ단기적이고 종합적인 국가전략이 필요하다고 생각한다.

왜 작은 정부여야 하나

이솝 우화에는 '소의 큰 몸집을 부러워한 개구리가 그 흉내를 내다가 배가 터져 죽었다.' 는 얘기가 있다. 장자의 '추수' 편에선 개구리의 교만함을 이렇게 전한다. '나는 참으로 즐겁다. 우물 시렁 위에 뛰어오르기도 하고 우물 안에 들어가 부서진 벽돌 가장자리에서 쉬기도 한다. 나는 한 우물을 온통 혼자 차지해 마음대로 노니는 즐거움이 지극하거늘, 동해(東海)에 사는 자라야! 자네는 왜 가끔 와서 보지 않는가?' 아직도 우리는 몸집을 불리고 조직을 키우고 지나치게 비대한 것이 능사인 것처럼 그런 개구리를 닮은 정책을 추진하는 경우를 쉽게 볼 수 있다.

자본주의의 경우, 영국의 철학자 아담 스미스(Adam Smith)가 저술한 사실상 최초의 근대적인 경제학술서인 '국가 부(富)의 본질과 원인에 관한 연구' ,인 이른바 '국부론' 을 통해 실체가 명확하게 제시됐다. 자유방임정책을 주창한 그는 개인의 이기심에 의해 경제활동을 하면, 시장에 의한 자동조절작용에 의해 수요공급이 자동적으로 해결되고, 동시에 개인의 이익이 증대되고 이에 따라 사회적 이익이 증대되고 국가이익이 증대된다고 역설했다. 시장이라는 '보이지 않는 손(invisible hand)' 의 작용으로 경제가 자동적으로 경제 호황과 불황이 해결된다고 하는 자유방임정책을 주장하고 '작은 정부(cheap government)' 했다.

책을 주장하고 '작은 정부(cheap government)' 했다. 따라서 정부가 경제운영에 개입하는 '보이는 정책(visible hand)'은 오히려 경제를 왜곡시키기 때문에 이를 배제해야 한다고 주장했다.

각 경제주체의 경제활동의 자유가 최대로 보장된 자본주의경제체제에서는 규모의 경제가 작용하는 기업이나 산업의 경쟁력이 커지고 이들 기업과 산업의 규모가 커지게 되고 결국은 독과점현상이 발생하여 시장기구가 제대로 작동하지 못하는 상태에 도달하게 된다. 이러한 경제상황과 함께 산업혁명이 발생하여 이러한 규모의 경제 현상은 더욱 확대하여 나타나게 되었다.

이에 자본가계급은 자본력이 더욱 커지면서 이 산업자본은 은행자본과 결합하여 금융독점자본주의를 발생하게 되었다. 이러한 경제체제에서 기업은 대량생산을 하게 되어 독과점이윤을 더욱 증대시켜 나갔다. 이 당시 자본가계급은 노동자의 해고와 노동시간 단축을 자유롭게 하면서 다수의 노동자계급에 대한 인권유린과 저임금이 이루어져 노동자계급의 조직적 반발을 가져왔다. 자본가의 노동자에 대한 착취는 더욱 심화되어 결국은 노동자계급을 위한 사회를 건설해야 한다고 주장하는 과학적 사회주의 사상이 나타나게 되었다. 이와 같은 경제사회실태를 과학적으로 접근하여 분석한 학자가 칼 마르크스(Karl Heinrich Marx)이다. 그는 경제활동에 있어서 '자유' 보다는 '평등' 을 모토로 하는 사회주의를 부르짖으며 능력에 따라 일하고 필요에 따라 분배하는 경제활동을 통한 공동체 이익을 경제의 기본가치로 내세우고 있다.

특히 자본주의의 생산방식이 사회적 모순이 되고, 자본가계급과 노동자계급으로 나뉘면서 노동현장에서 자본가계급에 의해 노동자계급이 노동현장에서 쫓겨나고 인권까지 침해를 당하면서 이에 대해 수단과 방법을 가리지 않고 자본가계급에 저항하고 이를 타파해야 한다고 주장하였다.

그는 인류사회는 원시 공동체사회에서 고대 노예제, 중세 봉건제, 자본주의사회와 고도로 발달된 자본주의를 거쳐 결국은 사회주의 사회로 넘어가게 되고 이것이 고도로 발달하면 공산주의로 넘어 간다고 하는 역사적 결정주의를 주장하였다.

그에 대한 입장이 부정적이든 긍정적이든 마르크스를 거치지 않고 20세기 사회, 정치, 경제사상과 사회과학 이론, 그리고 역사를 거론할 수는 없다. 일각에서는 마르크스주의의 종언을 얘기하기도 하지만, 어떤 의미에서 우리 자본주의 사회의 생산양식을 사회공동체적 접근으로 과학적으로 분석하여 비판한 점은 평가할 만한 학문적 업적이라 할 수 있다. 그러나 마르크스는 국가라는 권력주체를 지나치게 도덕적이라고 평가한 점과 폭력의 정당성을 주장한 것은 비판받아 마땅하다고 생각된다.

인류사회는 마르크스의 주장대로 전개되지 않고 자본주의는 변형을 통해 진화를 거듭하였다. 자본주의는 자유자본주의, 산업자본주의, 금융자본주의, 산업독점자본주의, 금융독점자본주의를 거쳐 수정자본주의로 전개되었다. 이러한 과정에서 독점자본은 대단위 대량생산체제로 바뀌어 상품이 대량생산되어 수요가 감당할 수 없는 상황에 이르게 되었다. 기업의 대량생산으로 기업의 창고에는 재고가 대량으로 쌓였고 노동자는 노동현장에서 해고되었고 대량실업이 발생하는 대공황이 발생하게 되었다. 이때 적용된 이론이 케인즈(J. M. Keynes)의 일반이론에 의한 총수요관리정책이었다. 그동안의 경제운영에 있어서 정부의 개입은 최소한도로 축소해야 한다는 작은 정부의 입장이었는데, 그는 경제운영에 정부가 적극적으로 개입하여 경제문제를 해결해야 한다고 주장하였다. 이를 수정자본주의라고 부른다. 케인즈의 '정부의 적극적 개입' 에 의한 총수요관리정책으로 세계대공황은 타개되어 케인즈 시대를 열게 되었다.

고전학파 경제학에서 케인즈 경제학을 거쳐 현대 경제학에 이르기까지 국민경제운영에 있어서 정부의 역할을 어느 정도로 해야 하는가에 대한 논쟁이 지속되고 있다. 운영에 있어서 정부의 역할을 어느 정도로 해야 하는가에 대한 논쟁이 지속되고 있다.

필자는 이에 대해 크게 세 가지를 초점을 둬야 한다고 생각한다.

첫째, 작은 정부여야 한다고 생각한다. 정부는 능력 있고, 깨끗하고 신뢰받고 역량 있는 작은 정부이어야 한다는 것이다.

특히 큰 정부는 부패할 수밖에 없다는 점을 간과하지 말아야 한다. 흔히 빅 가버먼트(큰 정부·Big Government)를 '진보' 인양 말하는 이들도 있는데, 남부유럽의 경우에는 이미 디폴트(default·채무 불이행) 상황까지 내몰린 것을 보더라도 국민세금을 줄이고 예산을 아끼고 능력있고 깨끗한 '작은 정부' 를 지향하는 것이 바람직하다. 깨끗하고 능력 있는 디지털 정부라면 오히려 큰 정부가 필요하겠는가를 국민경제적 측면에서 분석하여 결정해야 할 것이다.

둘째, 국민적 복지예산에 대한 효율성을 높이는 정부여야 한다고 생각한다. 복지에 있어서 기본적 관점은 생산적 복지여야 한다. 그러나 사회적 배려자, 사회적 빈곤층, 사회적 소외층, 소상공인 지원 대책, 중소기업 지원 대책, 중산층의 확대 정책 등 다양한 복지정책에 대해 비용/편익분석을 통해 국민이 낸 세금을 효율적으로 사용해야 한다.

셋째, 강력한 국가안보, 국민의 안전과 환경의 질에 대하여 책임을 지는 정부여야 한다. 현대에 들어오면서 국민의 안전과 환경의 질에 대한 관심이 높아지고 이것이 국민생활의 질 향상으로 연결되고 있다. 또한 국가안보에 대한 불안, 국민의 일상생활에 대한 안전 불감증·환경 불감증에 대한 교육을 제고해야 하고, 국민의 종합안전망을 구축하고, 깨끗한 물·쾌적한 환경에 대한 정책을 추진해야 한다고 생각한다.

세계 선진국에서는 큰 정부는 지양하고 작은 정부를 추구하고 있다. 현대 디지털 시대, 제4차 산업혁명시대의 정부는 능력 있고 깨끗하고 효율적인 작은 정부를 만들어 나가야 한다고 생각한다. 우리 정부도 그동안 국민이 낸 세금을 최대한 효율적으로 국민을 위하여 사용하는 것이 아니라 정치적으로 예산을 나누거나, 표를 의식하여 예산을 집행하거나, 비효율적으로 예산을 사용하는 사례가 비일비재했다는 것은 다 아는 사실이다. 우리나라는 현재 국가부채 비중이 상당한 국민 부담으로 작용하고 있고, 앞으로 국민복지수요는 확대되는 경향으로 비추어 볼 때 예산의 효율적 이용은 대단히 주요한 과제이다. 또한 디지털시대에 인구가 줄어들고 있는 추세를 감안하면 공무원의 부처 간 조정을 통하여 공무원 수를 적정수준으로 하여 '작은 정부' 를 추구해야 한다고 생각한다. 이러한 '작은 정부' 의 세계적 추세와는 달리 소비적 복지 중심 정책을 추진한다든지 하는 것은 예산 이용이 비효율적이고 정부 팽창이 이루어져 경제성장을 이룩하여 고용을 창출할 수 없는 메카니즘인 것이다.

실제로 한번 국민들이 소비적 복지에 맛들이면 이들 복지정책은 지속적으로 추진하지 않으면 안 된다. 왜냐하면 공짜 복지의 혜택을 보는 국민의 비중이 크면 이들은 절대 양보하지 않으려고 하고, 정부에서는 이러한 국민들의 욕구를 외면할 수 없게 된다는 점에서 복지정책의 위험성이 내재돼 있다.

따라서 정권지지를 위해 추진하는 복지정책은 포퓰리즘으로 흐를 수 있으며 복지정책의 미래를 암담하게 만들게 된다는 역사적 교훈을 잊어서는 안된다. 그래서 복지확대 정책은 매우 신중하게 다루어져야 한다는 것이다.

아담 스미스와 정약용

'경제학의 아버지' 로 불리는 아담 스미스(Adam Smith: 1723~1790년)는 자신을 정작 경제학자로 보다는 '도덕 철학자' 라고 생각했다고 한다. 자신을 도덕철학자로 여겼던 아담 스미스가 잠들어 있는 스코틀랜드 에든버러에 있는 그의 무덤에 적혀 있는 비문을 보면 "'도덕 감정론' 과 '국부론' 의 저자인 아담 스미스 여기에 잠들다" 라는 짤막한 문구가 새겨져 있어 그러한 사실을 상징적으로 말해준다. 도덕철학을 다룬 도덕 감정론이 우리에게는 더 유명한 '국부론' 보다 앞자리를 차지하고 있는 것도 그 때문이다. 더욱 놀라운 것은 18세기 실학사상을 집대성한 우리나라 최대의 실학자인 다산 정약용(丁若鏞, 1762~1836년) 선생께서 아담 스미스와 동시대를 살면서 사반세기동안 학문적으로나 정신적으로 여러 세계에 걸쳐 맞닿아 있었다는 점이다.

필자가 정도전과 함께 가장 존경하는 인물로 손꼽는 정약용은 실학자로서, 그의 사상을 한마디로 요약하면, 개혁과 개방을 통해 부국강병(富國强兵)을 주창한 인물이라 평가할 수 있다. 그가 한국 최대의 실학자가 될 수 있었던 것은, 시대의 문제점을 정확히 파악하고 그에 대한 개혁 방향을 제시하는 능력을 갖고 있었기 때문이다.

정약용을 떠올리면 오랜 시간 동안 겪어야 했던 귀양살이를 말하지 않을 수 없다. 귀양살이는 그에게 깊은 좌절도 안겨주었지만, 최고의 실학자가 되는 밑거름이 되기도 했다. 귀양살이라는 정치적 탄압까지도 "학문을 하라" 는 하늘의 뜻으로 받아들여 학문적 업적을 이뤄낸 인내와 성실, 그리고 용기에 대해 경외심을 표하지 않을 수 없다. 그의 방대한 저작은 귀양살이 속에서도 중단 없이 노력에 노력을 거듭하여 탄생했다는 점에서 그러하다.

초로의 나이에 더 이상 관직에 나갈 수 없었던 다산이 유배 당시 할 수 있는 일은 저술을 통해 백성들에게 널리 소개하는 경세(經世)의 길이었다. 그의 저서인 '경세유표(經世遺表)' 와 '목민심서(牧民心書)', '흠흠신서(欽欽新書)' 는 그렇게 탄생했고, 후대에도 계속해서 갈고 닦아야 할 '초본' 으로 전해져 내려오고 있는 것이다.

한국의 인물사를 보면 정약용은 20대 초반에 서학(西學)에 매혹되었지만, 이후 제사를 폐해야 한다는 주장에 부딪혀 끝내 서학에서 손을 끊었다고 전해진다. 하지만, 천주교 관련 사건이 일어날 때마다 천주교도라고 하여 배척을 받는 등 어려움을 겪어야 했다.

그의 저작에서 엿보이는 정치관은 기본적으로 민본(民本)을 근간으로 하고 있다. 무엇보다 백성이 착취당하는 모습을 보고 왕정의 문제점을 성토했고 '백성의 뜻이 곧 하늘의 뜻이다.' 라 하여 평등권을 주장하는 등 시대적 모순을 신랄하게 비판한 인물이기도 하다.

또한 전제 왕정시대에 "인간은 신 앞에 평등하다." 고 부르짖으며 실용주의적 실사구시(實事求是)를 근간으로 하는 민주주의를 지향한 인물이었다는 점에서 우리에게 시사해주는 바가 너무도 크다.

특히 필자가 아담 스미스와 동시대를 살면서 백성의 더 나은 삶을 강구했던 정약용의 삶과 그의 경제사상을 재조명해 두 대학자의 경제사상을 비교 분석하여 세계경제학회에 발표하려는 것도 그의 경제사상에 매료됐고 그가 동·서양을 통틀어 일찍이 시대를 앞서가는 경제의 이론과 정책을 집대성한 인물이기 때문이다.

'정도전'에 열광하는 이유

'백성의 마음을 얻으면 백성은 복종하지만, 백성의 마음을 얻지 못하면 백성은 이내 등을 돌릴 수밖에 없다.'

정도전(鄭道傳, 1342~1398)의 '조선경국전'에 나오는 말이다. 필자가 정도전에 대해 논하려는 것은 이성계와 그의 아들 방원(태종), 그리고 정몽주 등 권력을 둘러싼 조선 초 역사적 사실과 실록을 말하려는 것이 아니다. 현 정치상황과 맞물려 600여 년 전 백성의 눈물을 닦아주고자 했던 한 위대한 경세가의 삶을 통해 역사의 핏빛 칼날 위를 거침없이 질주했던 삼봉 정도전의 파란만장한 삶과 고뇌를 경제학적 접근을 통해 새롭게 조명해 볼 필요가 있기 때문이다.

비록 자신이 꿈꾸던 성리학적 이상세계의 실현을 보지 못하고 끝내는 정적인 이방원의 칼에 비운의 삶을 마감했지만, 백성의 삶 속에서 다져진 그의 민본사상을 말하려는 것이고, 지금까지도 크나큰 역사적 교훈을 심어주는 그의 정치세계를 엿보기 위함이다.

정도전은 고려에서 조선으로 교체되는 격동의 시기에 역사의 중심에서 새 왕조를 설계하고 이를 현실에 적용하려 했던 인물이다.

정도전이 유배 생활을 하던 어느 날, 한 들녘에서 농부를 만났다. 그는 정도전에게 당시 관리들이 '국가의 안위와 민생의 안락과 근심, 시정의 득실, 풍속의 좋고 나쁨'에 뜻을 두지 않으면서 헛되이 녹봉만 축내고 있다고 질타했다고 한다. 촌로의 이러한 질책은 정도전에게 백성을 위하는 것이 어떤 것인가를 다시금 마음에 새기는 계기가 됐다.

특히 그가 제시한 민본사상은 실제 백성의 삶을 목격한 경험에서 우러나온 것으로 요즘 정치인들이 깨달아야 할 정치교본이자 지침서가 아닐 수 없다. 그는 이러한 민본사상을 실제 정치에서 실현하려고 한 혁명가이고 전략가이고 정치가이고 행정가였다고 생각된다.

한때 드라마로 만들어져 선풍적인 인기를 끌기도 했던 역사속의 주인공인 정도전은 단순한 혁명가가 아니라 치밀한 기획력과 비전을 갖고 새로운 세계의 건설을 설계한 경륜 높은 전략가였다.

조선 건국 이후 '조선경국전' 과 '경제문감' 등 숱한 노작을 통해 재상 정치를 근간으로 하는 중앙집권적 관료체계의 기반을 확립했던 정도전은 한양천도, 사병혁파와 같은 개혁을 추진해 새 왕조의 기틀을 다져 나갔던 인물이기도 하다.

필자가 그런 그를 주목하는 이유는 갈수록 정치에 대한 불신이 깊어지고, 국민의 눈물을 닦아줘야 할 정치가 오히려 한숨과 냉소의 대상이 되어가는 기막힌 현 세태 속에서 그의 민본사상을 통해 정치의 참뜻을 반추할 수 있기 때문이다.

고려가 몰락하고 조선이 건국되던 '여말선초(麗末鮮初)' 라는 미증유의 난세를 살면서도 신분사회 양반의 온갖 부패상과 백성이야 죽든 말든 자신들의 배만 채우려던 지배계층의 야욕을 타파하기 위해 몸부림쳤던 인물이라는 점도 눈여겨봐야 할 부분이다.

필자가 유독 정도전의 삶을 주목하는 또 다른 이유는 그는 오로지 백성만을 생각하며 왕정을 타파하고 다수의 백성을 위한 국가권력체제를 실현하려 했던 이상주의 자였고, 그 시대 최고의 지식인이었다는 사실 때문이다.

 아울러 그는 새로운 시대에는 대다수 백성의 민의를 배제하는 구태의연한 왕정정치를 타파하고, 요즘으로 말하면 각 지역과 각계각층을 대표하는 전국대표자회의 같은 백성의 신뢰를 받는 회의체를 만들어 거기에서 국정을 논의하고 정책을 결정하려 했다는 점이다. 그리고 왕은 상징적인 존재로 존치하려 했던 것으로 생각된다. 고려 말 왕과 사대부의 부정부패를 목격하면서 썩어빠진 권력의 부패와 왕정의 폐해를 완전히 타파하고 오직 백성만을 위한 정치에 매진했던 그의 민본주의 애국사상을 재조명할 필요가 있다고 생각된다.

사고력을 키우자

　조선 500여년 역사 중 가장 훌륭한 임금을 뽑으라고 하면 대부분의 사람들은 세종대왕을 꼽는데 주저함이 없을 것이다.
　조선의 네 번째 임금인 세종대왕은 문학, 철학, 정치, 경제, 사회, 문화, 군사 등 다방면에 깊은 지식을 갖고 있었고, 이를 백성을 위해 실천에 옮겼다.
　특히 그는 어리석은 백성을 위해 극심한 반대를 무릅쓰고 언문청, 또는 정음청에 인재를 따로 모아, 이들과 함께 한글 창제에 몰두했다.
　한글창제를 비롯한 나랏일에 집중한 나머지 눈병이 나서 세계 3대 광천수로 유명한 청주의 초정으로 요양을 떠나올 때는 모든 국정을 신하들에게 맡기면서도 한글을 만드는 일만은 직접 요양지로 가지고 와서 골똘히 연구할 정도로 적극적이었다.
　세종대왕은 한글을 반대하는 신하들에게 "너희가 언어학에 대해 얼마나 아느냐? 어리석은 백성을 위하여 우리가 한글을 창제하지 않으면 누가 하겠느냐?" 라며 반대파를 강력하게 설득하면서 한글 창제를 주도했고, 결국은 백성을 위해 훌륭한 한글을 완성했다.
　세종대왕은 어린 시절부터 다방면에 걸친 다양한 책을 가까이하고 독서와　토론을 즐겼다. 그리고 언제나 백성을 생각했다. 그러면서 그의 지식은 깊어 갔고, 이와 함께 그의 사고력도 깊어졌다. 그 결과 한글을 창제했고, 한글로 말미암아 우리는 찬란한 문학과 문화의 꽃을 피우게 되었다.
　이것은 21세기 우리나라를 세계 10대 경제대국으로 만드는 토대를 제공했다는 점도 부인할 수 없는 대목이다.

 독서와 사고력은 동전의 양면과 같다. 단어 하나하나, 문장 하나하나를 음미하면서 독서를 하다보면 즐거움은 저절로 솟아나고 지식은 깊어 간다. 그리고 지식과 함께 사고력도 깊어진다. 사고력은 모든 창의력의 기본이 된다. 사고력이 깊어지면 응용력이 커지고, 창의력도 덩달아 높아지게 된다. 결국 이러한 연결고리의 원천은 독서이다.
 이 땅의 청년들이여! 독서에 몰두하지 않으시려는가? 그리고 사고력을 키워야 하지 않겠는가. 그래야 미래사회의 주연으로 등극할 수 있다고 생각한다.

일자리 창출이 시급하다

당신 손에 언제나 할 일이 있기를
당신 지갑에 언제나 한 두 개의 동전이 남아 있기를
당신 발 앞에 언제나 길이 나타나기를
바람은 언제나 당신의 등 뒤에서 불고
당신의 얼굴에는 해가 비치기를
이따금 당신의 길에 비가 내리더라도
곧 무지개가 뜨기를
불행에서는 가난하고
축복에서는 부자가 되기를
적을 만드는 데는 느리고
친구를 만드는 데는 빠르기를
이웃은 당신을 존중하고
불행은 당신을 아는 체도 하지 않기를
당신이 죽은 것을 악마가 알기 30분 전에 이미
당신이 천국에 가 있기를
앞으로 겪을 가장 슬픈 날이
지금까지 겪은 가장 행복한 날보다 더 나은 날이기를
그리고 신이 늘 당신 곁에 있기를

언제 읽어봐도 놀라움을 금할 수 없는 켈트족의 인디 기도문이다. 켈트족은 로마 시대에 갈리아인이라고 불렸던 부족으로, 프랑스 남부 지방에 살던 유목 민족으로서 어둠보다는 빛을, 절망보다는 희망을, 슬픔보다는 기쁨만이 늘 충만하기를 읊조리고 있다.

갈수록 어려워지는 취업에 목말라 있는 젊은이들에게는 축복송이 아닐 수 없다.

지난해 국내에서 자신이 원하는 직장을 얻지 못해 취업을 포기한 실망실업자(구직단념자)가 역대 최다를 기록했다. 실업자와 청년실업률도 계속 증가추세다.

통계청에 따르면 2017년 비경제활동인구 중 실망실업자는 48만 3000명으로 1년 전보다 3만 6000명(8%)이 늘어났다. 실망실업자는 구직포기상태로 남아있다는 점에서 고용지표에서 취업자나 실업자가 아닌 비경제활동인구로 분류된다. 주로 경기악화나 고용시장 위축 시기에 늘어난다.

통계가 집계된 2000년 이후 최대 규모다. 외환위기 직후인 2000년에는 16만 5000여 명, 글로벌 금융위기를 겪은 후인 2010년에는 22만여 명 수준이었다. 통계상 취업희망과 취업가능성의 개념이 확대되면서 2014년부터 실망실업자 규모가 30만 명대로 크게 늘었지만, 이를 감안하더라도 그 증가세가 가파르다.

지난 2년간 구직난으로 실업자가 연속 100만 명을 넘어서는 상황에 청년실업률마저 최악으로 치달으면서 취직 대신 취업준비를 택하는 청년 구직자가 늘어난 것이 원인으로 꼽힌다. 2017년 실업자는 102만 8000여 명으로 조사됐으며 청년실업률은 9.9%로 통계 집계 이후 최고치였다. 취업을 포기한 청년 구직자가 취업준비상태로 옮겨가면서 실망실업자가 크게 늘어난 것으로 보인다.

2017년 비경제활동인구 중 취업준비인구는 67만 6000여명으로 전년 대비 4만 8000여명(7.6%) 늘었다. 역시 통계집계(2003년) 이후 최대 규모다.

성별로 보면 남자가 여자보다 많았다. 실망실업자의 수는 남자가 28만 7,300여명, 여자가 19만 5,900여명으로 남자가 9만 1,400명 더 많았다. 남자는 1년 전보다 2만 5,200명(9.6%)나 늘었다.

바야흐로 실업자 100만명 시대다. 앞으로 경기회복이 지속된다 하더라도 실업자 수는 쉽게 줄어들지 않을 것으로 예상된다는 점이 걱정이다.

경기불황이 지속되면서 취업사정이 더 어려워지기 때문에 취업을 포기하는 '실망실업효과(discouraged workers effect)' 가 나타나고, 반면에 어려워진 가계를 돕기 위한 '부가노동효과(added workers effect)' 가 나타난다. 경기불황기에는 이 두 효과가 경합을 하게 되는데, 일반적으로 실망실업효과가 부가노동효과보다 크게 나타나게 되어 비경제활동인구가 커지기 때문에 실질실업률은 낮게 나타나게 된다. 따라서 우리나라의 실업률은 실제로 나타나는 실업률보다 낮게 나타난다.

우리나라는 전통적으로 가부장제를 유지해 오면서 많은 변화를 가져왔지만, 성인 남성이 주로 일을 하고 여성은 가사를 전담하고, 청년층은 학업에 치중하다보니 발생하는 현상이기도 하다.

우리나라의 노동시간이 아직도 선진국에 비해 길다는 점을 고려할 때, 노동시간을 줄이고 일자리를 나누는 것도 일자리 창출의 한 방법이라고 생각된다. 보다 근본적인 방법은 새로운 산업을 창출하고 투자를 확대해 자본을 증대시키고, 이에 따라 일자리를 창출하는 것이다.

최근 고용동향의 특징은 자영업 취업자의 감소를 들 수 있다. 이는 수년간 지속되어온 현상으로 생산성이 낮은 자영업이 글로벌 경제 불황에 의해 빠르게 구조조정되는 과정이라 볼 수 있다. 우리나라에서 취업자 대비 자영업자 비율은 25%로 선진국의 2배 이상이고, 자영업의 생산성도 선진국의 절반에도 미치지 못하고 있기 때문에 자영업 취업자의 감소는 앞으로도 지속될 것으로 전망된다.

현재의 고용상황이 1998년 외환위기 때와 다른 것은 기업이 구조조정을 자제하고 있다는 점이다. 그리고 정부의 대규모 재정지출에 의한 실업대책이 선제적으로 시행되고 있다는 점도 눈여겨 볼 대목이다.

  그러나 경기회복이 이뤄져 기업 활동을 강화하지 않으면 기업부문에서 구조조정을 단행해야 하는 기업 수는 더 늘어날 것으로 우려된다.

  때문에 현재로써 우리나라의 최대 현안은 일자리를 얼마만큼 많이 창출하느냐 하는 문제다. 더구나 사회안전망이 취약한 상태에서 실업상태가 장기화되는 것은 경제적인 어려움은 물론 인권유린을 심화하는 결과를 초래하게 된다. 일자리 창출이 제1의 정책과제가 되어야 하지만, 경기가 좋지 않은 상황에서 신규 일자리 창출은 동시에 매우 난해한 과제이기도 하다.

  하지만 우리는 이것이 아무리 어려운 과제라 하더라도 모든 경제주체의 지혜를 모아 보다 강도 높은 일자리 대책을 강구해야 한다.

  일자리 창출의 제1은 무엇보다 기업가정신의 고양이다. 기업투자와 함께 일자리가 창출되도록 우리 국가 전체적으로 국정 전체적으로 사회 전체적으로 과감한 개혁이 이뤄져야 한다. 안정적인 거시경제정책과 함께 상품시장의 경쟁력 제고, 수출시장의 경쟁력 제고가 뒷받침돼야 한다. 노동법 개혁을 통한 노동시장의 유연성 제고, 효과적인 창업 및 직업훈련 등 종합적인 일자리 창출 종합대책이 강구되지 않으면 안 된다는 사실이다.

선진국 진입의 원년으로

정부가 혁신을 통해 올해 3% 성장과 1인당 국민소득 3만 2000달러를 달성하기로 목표를 세웠다. 정부는 특히 소득 3만 불 시대 선진국에 걸 맞는 삶의 질을 누리도록 하는 게 국정의 최우선 과제라고 밝힌 상태다. 우리나라는 지난 1995년 1인당 국민소득 1만 달러를 달성하고, 이미 경제선진국으로 진입한 것처럼 국정을 운영했고, 상당수의 국민들은 절제 있는 경제활동을 하지 못하고 너무 일찍 샴페인을 터트린바 있다.

정부는 우리나라가 경제체질이 허약함에도 불구하고 선진국들의 경제협력체인 경제협력개발기구(OECD)에 가입하는 어리석음을 서슴지 않았고, 국민들은 땀 흘려 노력한 대가가 아닌, 땅 투기로 돈을 번 것을 부자가 된 것처럼 착각해 지나친 차입투자와 차입투기를 일삼았다. 그 결과, 우리 경제는 추풍낙엽처럼 추락했다.

대한민국은 망국(亡國)과 전쟁(戰爭), 혁명(革命)이란 격동의 세월을 극복하고 세운 나라다. 100년 전이나 지금이나 우리를 둘러싸고 각축을 벌이고 있는 주변 강대국과 비교하면 우리나라는 '적은 인구' · '작은 국토' 라는 인구 · 지리학적 여건은 달라진 게 없다.

우리는 이러한 모진 시련과 갈등을 극복하고 1인당 국민소득 3만 달러를 열고 있고, 앞으로 5만 달러의 선진국 진입을 향해 우리의 지적 역량(知的 力量)을 총 결집해 나가고 있다.

이를 실현하기 위해서는 먼저, 첨예하게 대립돼 있는 소아병적인 대립구도를 타파해야 한다. 여와 야, 여와 여, 야와 야, 보수와 진보, 우파와 좌파, 지역과 지역, 계층과 계층, 동과 서로 나뉘는 이분법적 대립구도에서 탈피하지 않으면 안 된다. 전부(全部) 아니면 전무(全無)가 아니라 서로 상생할 수 있는 대타협의 협상력을 높이고, 이에 대한 정책을 개발해야 한다. 대타협에서 가장 중요한 요인은 상대의 정책을 인정하고 존중하는 것으로부터 출발한다는 사실이다.

다음으로 중요한 것은 기본에 충실하자는 것이다. 학생은 공부를 열심히 하고, 선생님은 학생들을 잘 가르치기 위해 최선을 다하고, 성직자는 자신을 수행하여 아름다운 세상이 되도록 하는데 최선을 다 해야 한다. 기업인은 돈을 벌어 투자를 늘리고 일자리를 늘리기 위해 최선을 다해야 한다. 정치인은 자신이나 자신의 집단이익이 아니라 국민이익을 위해 다양한 의견을 수렴해 입법과 정책입안에 최선을 다해야 한다. 행정가는 관료주의적 관습에서 벗어나 국민이익과 지역주민이익을 위해 정책을 집행하고 시행해야 한다.

우리 사회전반에 내재해 있는 집단이기주의적 성향, 지역주의적 성향, 이분법적 대립구도를 소아병적으로 접근하지 말고 대승적으로 접근해 상생의 지적 인프라를 구축해야 한다.

그 다음, 미래발전동력을 창출해야 한다. 우리의 선진국 진입은 금년에 이루어질 것이고, 그 다음 1인당 국민소득 4만 불, 5만 불의 선진국의 꿈도 이루어질 수 있을 것이라 생각된다. 그리고 통일한국의 날도 가까워 질 수 있다고 확신한다.

기업가 정신을 창출하자

청초(靑草) 우거

진 골에 자는가, 누웠는가/ 홍안(紅顔)을 어디 두고 백골만 묻혔는가/ 잔 잡고 권할 이 없으니 그를 슬퍼하노라.

조선 중기 시인 임제(林悌)가 사도병마사로 임명된 뒤 임지로 부임하면서 황진이의 무덤을 찾아가 읊은 시조 중 한 구절이다.

당대 명문장가로 명성을 떨쳤던 그가 어느 날 말을 타고 외출하면서 왼발에는 가죽신을 신고, 오른발에는 짚신을 신었다.

마부가 깜짝 놀라 "혹시 술을 드신 게 아니냐?" 고 묻자, 임제는 당시 동인과 서인으로 나뉘어 싸움질을 하던 추악한 세태를 이렇게 풍자했다.

"왼쪽에 있는 사람은 내가 가죽신을 신고 있다고 생각할 것이고, 오른쪽에 있는 사람은 짚신을 신고 있다고 할 것이다. 누가 짝이 맞지 않는다고 생각하겠느냐?"

우리는 현재 글로벌 경제 불황과 자국이익 우선주의 정책으로 인해 혹독한 시련을 겪고 있다. 이러한 어려움을 해결하기 위해서는 정부의 기본 경제정책 기조에 대해 신뢰할 수 있는 기본 경제정책과 이를 실현할 구체적인 세부 정책프로그램을 제시해야 한다. 그리고 국회, 정부, 지방자치단체가 협력체제를 구축하고 기업이 경제 활성화를 위해 의지를 갖고 적극적인 투자활동 등 기업 활동을 영위하도록 해야 한다.

그런데도 현재 정부에서는 일방적으로 경제정책을 강요하는 형태를 취하고 있고 국회는 여전히 여야, 정파와 당리당략에 함몰돼 있다. 또한 국정은 전직 대통령의 실정(失政)을 둘러싸고 논란이 되고 있는 가운데, 진행되고 있는 검찰 수사에 대해 '적폐청산' 이냐 '정치보복' 이냐를 놓고 암투를 벌이고 있다.

청년들은 취업이 안 돼 걱정이고, 중소기업은 경영에 어려움을, 상인들은 장사가 안 돼 울상이다. 서민들은 허리띠를 졸라매도 살림이 팍팍하고 주부들은 얄팍한 가계부를 떠올리며 한숨을 짓고 있다. 가계부채는 약 1,500조원의 역대 최대를 기록하고 있어 이에 대한 대책마련도 시급한 상황이다. 국민경제적 측면에서 볼 때 어디 하나 온전한 곳이 없다.

국제적인 불확실성의 파고를 넘고 경쟁력을 높여 나가기 위해서는 현재와는 근본적으로 다른 발상전환과 패러다임의 전환이 필요하다고 생각한다.

이를 위해서는 불황 타개를 위한 정부의 정책 추진이 선행돼야 하지만 무엇보다 기업가 정신(entrepreneurship)을 창출해야 한다는 목소리가 높다.

'기업가 정신' 은 새로운 사업을 창출해 내는 모험심과 도전정신을 의미한다. 현재 우리나라 기업에서 감지되고 있는 기업가 정신의 현주소는 대단히 비관적이다. 기업가 정신을 발휘해 어려운 기업환경을 극복하고 새로운 분야에 많은 창업이 이뤄져야만, 국가 경제는 젊어지고 지속적으로 발전할 수 있는 동력을 만들어 낼 수 있다.

'위험을 감수하지 않으면 얻는 것이 없다.' (No risk, no return)

잘 살고 싶은가, 성장하고 싶은가, 성공하고 싶은가, 그렇다면 이에 걸맞은 위험을 감수할 의지를 갖고, 과감하게 도전하고 새로운 기술과 사업을 창출하는 기업가 정신을 제고해야 한다.

이제는 고인이 됐지만, 우리나라를 10대 경제대국으로 만든 창업 1세대인 현대그룹의 창업자 정주영 회장, 삼성그룹의 창업자 이병철 회장, SK그룹의 창업자 최종건 회장은 어떤 시련에도 굴하지 않고, 어떤 위기에도 포기하지 않는 불굴의 의지를 갖고, 미래로, 그리고 세계로 도전해 세계적인 기업을 이룩해 냈다.

그들은 평생 동안 사업가로서 도전에 도전을 거듭해 세계적 경쟁력을 지닌 현대그룹, 삼성그룹, SK그룹을 만들어 냈고, 전쟁의 폐허 속에서도 우리나라 경제를 후진경제에서 중진경제를 넘어 선진경제로 가는 기틀을 다졌다. 6·25전쟁으로 그동안 쌓아놓은 모든 재산을 포기해야 했지만, 그들의 의지는 더욱 불타올라 피난처에서도 재 창업을 하거나 사업을 확대해 나갔다.

6·25전쟁 중에서도 이병철 회장은 삼성물산주식회사를 재 창업하여 전시특수효과로 커다란 이익을 보았고, 정주영 회장은 피란지인 부산에서 미 8군의 토건업을 수주해 1개월 만에 미군 10만 명의 숙소를 완성하며 재기의 발판을 만들었다. 최종건 회장은 전쟁 속에서도 자신이 종업원으로 일했던 선경직물을 인수함으로써 현재의 SK그룹의 기반을 만들었다.

그들은 6·25 이후에도 4·19, 5·16의 정치적 격변과 1970년대 두 차례의 세계 오일쇼크를 거치면서도 강인한 의지와 도전정신을 갖고 기업을 경영한 결과, 오히려 혹독한 어려움을 겪었던 시기에 시장력과 기술력을 높이는데 성공했다.

그들은 지난 20여 년 전에 현 세대가 경험한 국제통화기금(IMF)관리체제 사태의 어려움보다 더 혹독한 시련을 극복해 냈던 것이다. 전쟁을 겪은 그들은 우리나라 경제를 제로(0)에서 출발해 오늘날의 세계적인 산업입국, 기술입국을 만들어 내는데 주춧돌을 놓은 주역들이다.

최근 들어 미국, 유럽, 일본 등 세계 선진 국가는 글로벌 경제 불확실성 속에서 기업가 정신을 창출하는데 많은 지원과 투자를 쏟아 붇고 있다. 이들 국가는 기업가 정신의 창출이야말로 새로운 기술과 새로운 산업을 만들어내고 고용을 높일 수 있는 핵심원천으로 보고 있다.

우리나라도 창업 1세대에서 보여줬던 훌륭한 기업가 정신이 창출될 수 있도록 사회적 분위기를 만들어야 하고, 동시에 정부정책으로 문제를 풀어주고, 물질적 지원을 하는데 최대한 투자를 아끼지 말아야 한다. 그래야만 세계경제의 불확실성을 극복하고 실질적인 선진 경제권으로 진입할 수 있다고 생각된다.

▲황신모 총장은 "충북교육의 변화와 도약을 꼭 이뤄내겠다." 며 "정의가 강물처럼 흐르는 충북교육을 위해 깨끗한 변화를 일으키겠다." 고 강조한다.

'위험을 감수하지 않으면 얻는 것이 없다.'
(No risk, no return)

Part 4

황신모의 세상 보기

행복의 원천

　　　　　　어느 날, 한통의 전화를 받았다. 강의를 들었던 한 수강생이라고 했다.
"교수님께서 누구나 한번은 맞이해야 하는 죽음은 가장 명예로운 느낌표지만, 스
스로 삶을 내려놓는 건 가장 비겁한 마침표라고 말씀하셨죠. '자살' 을 거꾸로 읽
으면 '살자' 가 되듯, 주어진 삶은 용기 있게 살아내야 하는 거라고. 그리고 견뎌내
야 하는 거라고. 삶을 포기하는 건 용기가 아니라 변명이라고. 누구나 상처를 안
고 살아가지만, 다시 회복되기에 상처라고 말씀하셨지요. 제 자신이 너무 이기적
이었던 것 같아요. 교수님의 말씀처럼 이제 다시 시작해보려고요…. 고맙습니다."
　그의 목소리에서 여명의 푸른 실핏줄을 느꼈다. 새벽의 생명감을 느꼈다. 감동을
받은 건 그가 아니라 나였다. 동시에 두렵기도 했다. 누구나 괴로운 때가 있고 힘
든 때가 있지만 지혜롭게 극복하다보면 반드시 한줄기 빛이 보이고, 그 빛을 잡다
보면 새로운 세상이 열린다고 말했던 이야기가 그의 불행을 막았던 것일까.
　우리는 소소한 일상에서도 자신에게 주어지는 행복을 찾지 못할 때가 있다.
아니 찾지 않는 것이 아니라, 불행을 먼저 탓하는 경우가 적지 않다. '지금(只今)'
이라는 시간대는 현재 살고 있는 삶의 가치다. '금(今)' 라고 말하는 순간 '지(只)'
는 소멸한다. 보고 듣고 말할 수 있는 것, 마음대로 걷고 뛰고 움직일 수 있다는 것
이 행복의 원천이다.
　'오체불만족(五體□滿足)' 의 저자 오토다케 히로타다는 태어나면서부터 팔다리가
없었다. 하지만 100m 달리기는 물론 야구, 농구, 수영 등을 즐기며 명문대까지

들어갔다. 그는 "자신이 세상에 태어난 것은 팔다리가 없는 사람만이 할 수 있는 그 무엇이 있기 때문이다. 장애는 불편할 뿐, 불행하지는 않다" 고 말했다.

작가이자 사회사업가인 미국의 헬렌 켈러는 생후 19개월에 시각과 청각을 잃었다. 그러나 그녀는 절망하지 않았다. 눈과 귀가 아닌, 마음으로 보고 들으려고 노력했다. 그녀에겐 죽기 전에 꼭 해보고 싶은 목록인 '3일간의 버킷리스트(bucket list)'가 있었다. 사랑하는 선생님 얼굴 바라보기, 친구들과 산책하기, 석양의 노을과 장엄한 먼동 감상하기, 아침에는 박물관을 찾아가고 오후에는 미술관을 둘러보기, 밤하늘의 별구경 하기, 출근하는 사람들의 얼굴 표정보기. 오페라와 영화감상, 도시 숲 네온사인을 보며 가게에 진열된 상품을 보는 것이 그녀의 소망이었다. 가만히 보면 특별할 것도 없다. 어찌 보면 우리가 매일 먹는 밥처럼 소소한 일상들이다. 스티븐 호킹은 온몸의 운동신경이 계속 파괴되는 질환을 앓았지만 세계적인 물리학자가 됐다. 그는 "장애인이란 자신이 장애인이라고 생각할 때에만 장애인이지, 그렇게 생각하지 않는 사람은 장애인이 아니다. 자신의 장애를 원망하기 시작하면 진짜 마음의 장애인이 된다. 마음의 장애인이야말로 진짜 장애인이다" 라고 말했다.

세계 3대 문학상으로 꼽히는 맨부커상을 수상한 한강의 소설 '채식주의자' 는 육식보다 채식을 고집하다가 점점 나무(거식·拒食)로 변해간다는 이야기를 담고 있다. 주인공 영혜가 개에게 다리를 물어 뜯기자, 아버지는 개를 죽여 가족과 나눠먹는다. 그때의 트라우마 때문에 잠을 잘 수도, 먹을 수조차 없었다. 그런 딸에게 부모는 억지로 고기를 먹인다. "아버지, 저는 고기를 먹기 싫어요." 영혜는 최후의 저항으로 자신의 손목을 그어버린다. 그리고 외친다. "이젠 브래지어를 하지 않아도 덩어리가 느껴져. 아무리 길게 숨을 내쉬어도 가슴이 시원하지 않아. 어떤 고함이 울부짖음이 겹겹이 뭉쳐져 있어. 고기 때문이야. 고기를 너무 많이 먹었어.

그 목숨들이 고스란히 그 자리에 걸려 있는 거야." 그러나 그녀가 정작 아파한 것은 '손목' 이 아니라 '가슴' 이었다.

문제는 채소든 고기든 우리의 결정은 '잘 먹고 잘사는 것' 에 있다는 점이다. 건강하게 먹자. 소식(小食)도 좋고 소식(素食)도 좋지만 웃으며 편히 먹는 소식(笑食)이 중요하다.

"식사하셨어요?"

먹고 살기 힘들었을 때의 인사가 아직도 우리 사회에서는 상대를 걱정하는 존대의 문법(文法)이다. 국민소득 3만 달러 시대에 살고 있는데도 먹는 걸 최우선으로 묻는다.

인간은 일생동안 25년쯤 잠을 잔다는 통계가 있다. 2016년 출생아의 기대수명이 남자 79.3세, 여자 85.4세라는 점에 비춰보면 인생의 3분의 1 이상을 자는 셈이다. 하지만 수면시간을 하루 2시간 단축하면 평생 동안 5만 시간, 하루 활동시간을 8시간이라고 가정하면 약 6000일(17.5년)을 얻을 수 있다.

겨울이 낙엽 끝에 매달려 있다. 겨울은 새벽이다. 새벽은 시리지만 하루 중 가장 역동적인 시간대다. 대부분의 사람은 꿈을 꾸고 있는 시간이지만, 누군가는 꿈을 위해 뛰는 시간이다. 꿈은 꿈꾸는 자의 몫이 아니다. 그 꿈을 이루려고 꿈에서 깨어있는 이의 권리다. 그 시린 새벽이 있기에 찬연한 아침이 온다.

행복은 만져지지 않는다. 마음으로 읽을 뿐이다. 행복을 억지로 구하다보면 불행을 만나게 된다. 지금 이 순간이 가장 행복한 것이고, 보고 듣고 말하고 걸을 수 있다는 것이 행복이다. '행복' 은 멀리 있지 않고 우리의 곁에 있다. 잘 먹고 잘 사는 것이 행복이다.

사교육(私敎育 · 死敎育)

'오렌지 오뢴지 오린지 아린지'
한때 오렌지가 아니라 아린지가 맞는다는 주장 때문에 대한민국이 난리법석을 떨었던 때가 있었다. 지나친 영어 만능주의가 빚은 촌극이 아닐 수 없다. 이러다가는 '아뿔싸' 나 '어머나' 대신 모든 이들이 '오 마이 갓' 을 외칠 수밖에 없을지도 모를 일이다. 잉글리시 열풍에 콩글리시 세상이 곡소리를 내고 있는 형국이다.

지난해 우리나라 사교육(私敎育) 시장 규모는 20조 원을 넘어선 것으로 추산됐다. 이 가운데 영어 과외로 쏟아 붓는 돈이 4분의 3에 이르는 것으로 알려졌다. 특히 유아들의 영어 사교육 시장 규모도 2700억 원대에 달한다. 네 살배기 꼬마가 월 80만 원짜리 영어 사교육을 받고, 조기교육 열풍에 힘입어 사교육 시장규모는 더욱 커지고 있다.

그러나 이러한 통계는 그야말로 통계일 뿐 '사(死)교육 錢爭(전쟁)' 을 모르고 하는 소리다. 그야말로 사(私)교육비 변통을 위한 부모들의 잔혹한 '날품팔이' 가 계속되고 있지만 공교육이 따라가지 못하기 때문에 빚어지는 기현상이다.

오렌지를 사면서 '아린지' 라 발음해야 하는 영어 광풍의 시대. 성(姓)과 이름을 한자로 쓰지 못하면서도 영어 타령이고, 한글을 똑바로 알지도 못하는데 글로벌 타령이다. 때문에 일각에선 영어 조기교육보다 모국어나 똑바로 가르치라고 일침을 놓는다. 영어에 빠진 대한민국이 국사(國史)는 멀리하는 것도 문제다. 중국의 동북공정과 일본의 독도 영유권 주장엔 열불을 내면서도 역사는 하치한다. 우리 역사도 모르면서 세계화를 외치는 것은 오류다. '글러먹은' 글로벌이다.

 지방자치단체도 최악의 콩글리시를 쓰는데 앞장서고 있다. 서울시의 표어는 '하이 서울(Hi Seoul)' 이고 대전시의 슬로건은 '잇츠 대전(It's Daejeon)' 이다. 서울에게 인사하라는 것인지, 서울이 안녕하다는 것인지 일반인은 모른다. 그 무엇이 대전광역시를 지칭하는지도 모를 일이다. 기업이나 상점, 음식점의 간판도 콩글리시 천국이다. 간판을 우리말로 달면 어딘가 촌스럽고 영어를 써야 있어 보이는 지적 콤플렉스가 키운 영어병(病)이다.

 세종은 덕이 높고 높아 '해동의 요순(堯舜)' 이라 불렸다. 요순시대란 동양에서 최고의 정치를 이룬 시대를 뜻한다. 32년 재위기간에 보여준 실용적 애민정신은 시대를 뛰어넘어 지금까지도 타의 추종을 불허한다. 그는 단순히 한글을 창제하고 용비어천가를 지은 임금에 머무르지 않았다. 육진 개척과 사군 설치로 국방을 키웠고 토지와 세제개혁, 과학기술 육성 등으로 국태민안의 위상을 높였다. 나아가 뛰어난 '문화대왕' 이기도 했다. 사역원의 외국어과목에 여진족어를 추가하고, 신하들을 중국에 보내 남방언어를 연구하게 할 만큼 실용적이고 개방적이었다. 만백성에 성은을 베푼 세종, 그가 남긴 불후의 명작 '한글' 이 창제된 지도 어언 575돌을 맞았다. 현존하는 6900개 언어 가운데 6600개가 문자가 없는 언어이며, 이 중 5800개가 소멸될 위기에 있다. '무형의 말을 담는 그릇' 인 언어는 문자 없이는 결코 살아남기 어렵다. 작가 펄 벅은 "한글은 세계에서 가장 훌륭하고 단순한 글자이며 자모음을 조합하면 어떤 언어와 음성도 표기할 수 있다" 고 했다.

 얼마 전 인도네시아의 소수민족 찌아찌아족이 토착어를 표기할 공식 문자로 한글을 채택했다. 인구 6만 명인 찌아찌아족은 고유어를 갖고 있지만 그것을 표기할 문자가 없어 언어가 소멸될 위기에 처해있었다. 그들은 한국 전래동화인 '토끼전' 을 포함한 교과서도 발행했다. 한국에서 3500마일이나 떨어진 소수민족이 한글을 배우고, 문자를 쓰면서 한국을 사랑하게 된 것이다. 위대한 한글의 힘이다.

500년 전 문맹의 백성들을 위해 창제한 훈민정음은 한국의 자존이다. 영어가 만국 공용어가 되어 세상을 지배하는 와중에 러시아는 영어단어를 무절제하게 끼어 넣는 '러스글러시(Russglish)'를 근절하기 위해 언어순화법안을 마련했다. 프랑스는 자국어 보호를 위해 정부주도의 캠페인을 벌이고 있다. 청나라를 세워 중국 대륙을 250여 년 간 통치한 만주족 후예들은 요즘 모국어 학습열기가 거세다. 청년층을 중심으로 민족 정체성을 되찾으려는 움직임이다. 그러나 한국에선 '문자 붕괴'를 말리는 사람도 없고, 위기의식을 느끼는 사람도 없다. 100년 전 일본이 한국을 도륙했을 때 제일 먼저 자행한 것이 언어말살정책이었다. 이는 정신의 약탈을 위한 폭력이었다.

물론 외국어 교육이 중요하지 않다는 말은 아니다. 하지만 지나친 사(私)교육이 교육정책의 왜곡을 불러오고 교육의 가치를 죽이는 현행 교육정책은 새로운 활로를 찾아야 한다. '버카(버스카드), 참김(참치 김밥), 미자(미성년자), 열폭(열등감 폭발), ㄱㅅㄱㅅ(굽신굽신), ㅎㄷㄷ(후덜덜)'

청소년들 사이에서 지구상 6900개의 언어 가운데 가장 찬란한 문자로 평가받는 한글 대신 국적불명, 해독 불가의 언어들이 판치는 것은 분명 문제가 아닐 수 없다. 툭하면 뜯어고치는 수능(입시), 매년 털갈이하듯 바뀌는 초·중·고교 입시제도들, 사교육비 줄인다고 해놓고 점점 더 쪼그라드는 공교육, 책상 앞에 앉혀 놓으면공부가 될 것이라 믿고 학원 뺑뺑이를 돌리는 학부모, 대학들에게 거지 동냥 주듯 몇 푼 얹어주고는 서열 경쟁을 부추기는 교육정책….

이러한 잘못된 관념과 교육정책부터 뜯어고치는 것이 사(死)교육을 소생시키는 심폐소생술이라는 점은 주지의 사실이다.

초년고생(初年苦生)

젊어서 고생은 사서 해야 한다는 말이 있다. 그러나 이 상투적인 말을 헛소리라고 생각하는 젊은이들이 적지 않다. 고생을 해서 이루는 성취보다, 금수저를 물고 태어나는 게 백배 천배 낫기 때문이다.

흙수저가 금수저를 이기는 것은 쉽지 않다. 다윗이 골리앗을 쓰러뜨린다는 건, 계란이 바위에게 까부는 격이다. 누군가는 '7포 세대'(연애 · 결혼 등 7가지 포기)라고 자조하고, 누군가는 '헬조선'(hell朝鮮 · 지옥 같은 한국)이라고 절규한다. 한번 약자(弱者)는 평생 약자라는 신분 고착화의 절망 담론이 우리 사회를 휩쓴다. 기성세대는 청년 세대를 향해 헝그리 정신이 없다고 개탄한다, 그러나 열심히만 한다고 다 되지는 않는다. 듣기 좋은 소리도, 잔소리로 변하면 흙수저들은 숟가락을 놓는다.

흙수저가 금수저를 극복할 수 있게 하는 게 정치다. 스펙보다 열정을 가르쳐야하고, 학벌보다 여벌의 진정성을 가르쳐야 한다. 그런데 많은 정치인들이 금수저를 물고 태어났고, 여전히 금수저 같은 정치를 하고 있다. 그들에게는 약자의 그늘이 없다. 계급사회에서 배워온 권력의 질서만이 엿보인다. 현대판 음서제(蔭敍制)다. 흙수저의 비애를 모로는 자들이, 맨손가락을 빨면서 가슴으로 우는 사람의 심정을 알 리 없다. 아침저녁으로 하얀 테이블보를 깔고 은쟁반으로 식사를 즐기는 자들이, 어찌 흙냄새와 흙의 바탕을 알겠는가.

밑바닥은 눈물부터 차오른다. 밑바닥 정서는 '금수저들' 의 밥을 오롯이 떠먹이는 원심력에 근거한다. 공부만 잘하면 어떤 일이든 못할 것이 없다는 '금수저 정치' 는 자신감이 아니라 자만심이다. 정치는 공부가 아니다. 고통을 이해하지 못하고 변죽만 울리는, 학습형 발상으로는 이 사회를 바꿀 수 없다. 메시아적 선언만 나열하는 습관은 흙수저들의 현실과 동떨어져 있다. 정치는 '머리만' 똑똑한 사람이 아닌 '가슴이' 똑똑해야 한다. 정치인의 질(質)은 곧 정치의 품격이다. 정치 떠버리들은 민심을 잘 속인다. 잘 속으니 또 속이는 것이다. 그렇지만 국민은 바보가 아니다. 잘 속는다고 느끼겠지만, 속는 척 할 뿐이다. 이 시대 서민들의 가장 흔한 안주가 '정치인들을 씹고, 정치인들을 욕하는 일' 이라는 사실만으로도 우리의 정치가 얼마나 잘못됐는지를 단적으로 보여주는 대목이다.

정치는 생물이다. 그리고 동시에 박제다. 움직여 깨우치면 생물이되, 가만히 앉아 훈수를 두면 방부다. 힘없고 가난한 사람들이 행복하도록 공적으로 돕는 게 정치다. 고로 우리가 지금 행복하지 않은 것은 정치가 바보짓을 하고 있다는 방증이다. 정치적 중력은 '오른쪽' 과 '왼쪽' 에 있는 것이 아니라 '좌심방, 우심방' 에 있다. 정치는 권력이 아니라 세상에서 가장 고된 직업이어야 한다. 절망이 지배하는 정치는 불행하다. 낭떠러지에도 끝이 있는 법이고, 어둠이 아무리 깊어도 햇살은 스며든다. 최선을 다한 다음에도 희망의 길이 보이지 않으면, 그건 정치가 잘못하고 있다는 증거다. 징징거리는 '금수저 정치' 가 아닌, 희망을 주는 '흙수저 정치인' 이 돼보라. 흙맛은 짜다. 눈물이 섞여있기 때문이다.

대한민국 행복지수가 OECD국가 중 꼴찌다. 왜 행복하지 않을까. 이유는 간명하다. 하루도 바람 잘 날 없는 정치 탓이다. 진보와 보수는 머리끄덩이를 잡고 싸우고, 평화로워야할 사회는 때때로 침몰한다. 사람을 귀히 쓰고 싶으나, 귀히 쓸 사람이 없다. 사람을 귀히 여기고자 하나, 귀히 여기는 시스템이 없다.

썩고 부패한 것을 그냥 내버려두면 곪기 마련이다. 이제 환부를 도려낼 차례다. 용기를 내자.

 연말이 되면 으레 얼굴에 까만 재를 묻히고 연탄을 나르는 식상한 봉사(?)에 서민은 감동하지 않는다. 얼굴에 밥풀을 붙이고 밥을 퍼주는 보여주기 위한 봉사에도 공감하지 않는다. 왜 평상시 가만히 있다가, 4년에 한 번씩 나와서 살가운 척 하는지 동감할 수가 없다. 살면서, 흙 한번 안 묻혀 본 사람들이 서민들의 눈물을 이해할 수는 없다. 정치는 신파극이 아니다. 정치가 길을 잃는다는 것은 곧 민심의 죽음을 의미한다. 정치는 솔직해야 한다. 정치가 신뢰를 잃으면 안 되는 이유다.

그래도 봄은 봄이다

조선왕조를 설계한 정도전은 스스로를 '밥벌레' 라고 했다. 밥벌레는 할 일 없이 밥만 축내는 밥버러지를 말한다. 그렇게 말했던 정도전은 그래도 솔직했다. 그는 백성이 '법' 이라면서 백성을 '밥' 으로 보는 사대부적 퇴행성을 반성했다. 그리고 자신도 백성들의 밥을 빼앗아먹는 버러지(벌레)에 지나지 않는다고 고개 숙였다. 작금의 정치인과 180도 다르다. '법' 을 만들어 국민들의 '밥' 을 챙겨야하는 정치의 온전한 정신이 희석되고 있는 건 비극이다. 죽으나 사나, 미우나 고우나 자기 당 사람만 싸고도는 정치, 상대의 견해에는 귀를 막은 채 보고 싶은 것만 보고, 믿고 싶은 것만 믿는 정치, 우린 지금 국민을 '밥'으로 보는 비참한 시대에 살고 있다.

3월이다. 봄이 왔나 둘러보니 바람 끝이 여전히 맵다. 파종을 준비해야 하는 농부들의 지청구도 들썩인다. '봄' 은 부드러운 어감과 달리 제법 변덕스럽다. 하늘거리는 미풍이 불다가도 꽃을 시샘하는 꽃샘바람이 분다. 솔솔 부는 실바람이 왔다가도 옷섶을 파고드는 살바람이 매섭다. 때론 보드라운 명지바람이 들렀다가도 회오리처럼 부는 소소리바람이나, 좁은 틈으로 황소바람이 속을 얼린다. 그래도 이 세상의 초목들은 봄바람을 타고 열심히 새싹을 밀어 올린다. 그래서 봄은 은밀하게 오종종 온다. 발소리가 들리지 않는다.

봄바람은 분홍빛이다. 여린 햇살을 튕겨내며 꽃잎이 벙글어지기 때문이다. 봄은 잎사귀에 따사로운 봄물을 들여 연둣빛이기도 하다. 봄볕이 좋으니 풀꽃들이 솟아

난다. 그 사이로 냉이 달래 쑥 향기가 여린 손을 내민다.

봄 햇살에 등허리를 맡기면 식욕도 절로 솟는다. 애쑥에 밀가루 오소소 뿌리고 된장 한 숟가락 버무려 보글보글 끓여 내거나, 냉이를 모시조개와 함께 끓인 반상(飯床)은 맛깔지다. 흰 속살과 연둣빛 몸매를 아낌없이 드러낸 쑥전, 하얀 뿌리 고슬고슬하게 뒤엉킨 냉이무침, 채반 위에 놓인 오신채(五辛菜)도 달디 달다. 오신채는 부추, 파, 마늘, 달래, 평지(겨자과 유채), 무릇, 미나리 중 다섯 가지 색을 맞춰 무쳐 먹는다. 가만히 보면 모두들 풀뿌리다. 옛말에도 풀뿌리를 먹으면 모든 일이 잘 풀린다고 했으니, 햇나물은 보약이다. 그래서 봄은 밥을 부르고 사랑을 부른다.

봄은 찰나에 온다. 삽시간에 온몸에 수액을 가득 올린다. 겨울동안의 헐벗은 대지. 그 캄캄한 고독의 시간을 온전히 견뎌냈으니 봄의 축제가 시작되는 건 당연하다.

봄의 정령을 담은 꽃들이 피고 질 때, 이 지상에도 더럽고 추잡한 꽃들이 피고진다. 화무십일홍(花無十日紅)이다. 열흘 붉은 꽃은 없다 했거늘, 정치는 여전히 번잡하게 피고진다. 저마다 군국주의의 꽃을 틔우고 표밭을 기웃거린다. 더구나 화들짝 피었다가 화들짝 진다. 이들은 '다 함께' 피었다가 '한꺼번에' 지지도 않는다. 스스로 개별성을 갖는다. 수치심도 없다. 산화하는 모습조차도 추하다. 금세 질 것을 알면서도 싹을 틔우고, 열매까지 탐하니 참을 수 없는 가벼움이다. 어이없는 개화다. 그 화무십일홍을 왜 정치인만 모르고 있는 걸까. 아니, 왜 모르는 척 하고 있는 걸까. 권세와 세력을 좇는 그 꽃의 정령이 불결하기 이를 데 없다.

어떤 '희망'을 얘기하다가도 이내 '어둠'이 깔리는 것은 우리 사는 세상이 그렇게 희망적이지 않기 때문이다. 그래서 희망적인 화법을 통해 절망적인 메시지를 전한다.

우린 늘 우리 사회의 가장 어두운 곳을 응시하며 살고 있다. 그런데 그 응시하고 있는 그곳엔 절망적 생과 어두운 삶이 교차한다. 그 어둠의 심연은 다분히 불편하다. 조금만 지켜봐도 그 고통이 마음으로 느껴진다. 등대는 스스로 빛나는 것이 아니라, 작은 불빛들이 모여야 비로소 밝아진다. '나' 를 빛내는 것이 아니라 '우리' 를 빛내기 때문이다.

봄은 누리는 자의 것이다. 봄이 온들 칩거하면 봄도 칩거한다. 그냥 내어주는 법이 없다. 그래서 봄의 진액은 달다. 인생의 봄날을 꿈꾸는 정념은 그야말로 질투다. 시샘이다. 어둠 속에서 빛을 찾고, 차가움 속에서 따뜻함을 찾으니 봄의 소요(騷擾)다. 진짜 봄은 때때로 불어대는 차가운 바람으로부터 시작된다. 그래서 두렵지만 설레는 것이다. 세상사 돌아가는 꼴이 영 봄 같지는 않지만, 그래도 봄은 봄이다.

이유인 듯 이유 아닌 이유

기업은 왜 망하는가. 클레이턴 크리스텐슨 하버드대 교수는 기업이 실패하는 것은 '자만' 해서가 아니고 오히려 너무 '열심' 히 해서라는 의외의 답을 내놓았다. 흔히 자만심 때문이라고 생각하는 것과 다른 이 뚱딴지같은 소리는 '역설' 을 관통한다. 몰락하는 기업들은 세상변화를 몰라서 실패한 게 아니라 그에 맞춰 변하지 않았기 때문에 실패했다는 의미이다. 대다수 기업들은 새로운 시도를 하는 것보다 일단 눈앞의 이득에만 몰입한다는 설명이다. 종합해보면, 성공의 맛에 취해 자기 변신을 게을리 했다는 방증이다.

물론, 변한다는 것은 고통이다. 늘 그렇게 살아오다가 하루아침에 바꾸는 게 쉬운 일은 아니다. 그만큼 변화에 뒤처지면 한방에 훅 가는 냉혹한 환경 속에서 지속적인 혁신 없이는 존립 자체도 보장받기 힘든 세상이다.

그러자면 결국 사람이 바뀌어야한다. 새로운 것에 대한 실패를 두려워하면, 결국 실패한다. 마누라·자식 빼고 다 바꾸자는 논리는 실패를 담보로 한 혁신이다. 체질을 바꾸려면 생각부터 바꿔야 한다.

몰락에도 이유가 있다. 그런데 그 이유를 대부분 엉뚱한 곳에서 찾는다. 기업이 신기술을 따라잡지 못했다느니, 사람이 시대의 흐름을 따라잡지 못했다고 여긴다. 물론 그 말도 맞지만 '기술' 과 '사람' 보다는 '생각' 의 크기와 방향에서 몰락의 단초를 찾을 수 있다.

핀란드 국민기업 노키아는 사람과 사람을 연결한다는 '커넥팅 더 피플' 을 모토로 전 세계 휴대폰시장을 이끌었지만 어느 날 갑자기 망했다. "계란을 한 바구니에 담지 말라" 는 '몰빵 경제' 의 위험을 깨닫지 못했기 때문이다. IT(정보통신) 혁명이 지구촌을 뒤흔들 때 승자의 샴페인에 취해있었고, 애플(아이폰)과 삼성(스마트폰)의 진격을 알고도 모른 체했으니 그럴 만도하다. 결국 노키아는 휴대전화와 스마트폰 사이에서 신호음도 없이 자멸했다.

한때 2억대 이상의 게임기를 팔았던 닌텐도도 스스로를 '게임기 만드는 회사' 로 한정하면서 안주하다가 망했다. '게임기' 보다는 '게임' 을 잘 만드는 회사라고 생각했다면 더 많은 기회를 얻을 수도 있었을 것이다.

'100년 기업' 코닥도 1980년대 디지털 기술이 도래한 것을 과소평가했다. 시장에서는 필름 카메라 시대가 저물고 있다는 사실을 모두가 아는데 코닥만 모르고 있었다. 1975년 최초로 디지털 카메라 기술을 개발하고도 필름사업에 안주하면서 끝내 두 손을 들고 말았다.

기업의 평균 수명은 약 13년이다. 설립 후 30년이 지나면 80%가 사라진다. 우리나라 기업의 경우 1965년의 100대 기업을 기준으로 1995년까지 살아남은 기업은 16개에 불과하다. 결국 살아남으려면 스스로를 파괴할 것인지, 아니면 남에게 파괴당할 것인지를 선택해야한다.

GE, 듀폰, 지멘스, IBM은 100년 넘도록 지속적인 성과를 내고 있다. 비결은 파괴적 혁신이다. 자신들을 성공으로 이끌어줬던 방식을 과감하게 부정하고, 철저히 고객과 시장의 관점에서 적극적인 변화를 껴안고 있다. 남들보다 더 잘 할 수 없거나, 다르게 할 수 없다면 아예 시작하지도 않는다. 시장(市場)의 주인이 바뀌는데, 주인이 주인노릇만 하면 몰락할 수밖에 없다.

스스로를 바꾸지 않으면 바꿀 수 없다. 조직혁신 핵심은 첫째도 둘째도 고정관념 버리기다. 처음부터 그렇게 해왔으니까 그렇게 하는 것이고, 그렇게 안 해봤으니까 여전히 그렇게 하는 것이다. 만약 그렇게 한다면 망칠 것 같지만 막상 해보면 달라진다. 안 해봤으니까 두려운 것이다. 변하지 않고 답습만 한다면 앞으로도 영원히 변하지 않을 것이다. 인공호흡으로 연명하는 건 슬픈 일이다.

흔히 나비의 작은 날갯짓이 폭풍우를 만든다고 말한다. 한낱 퍼덕임이 아니다. 중국 베이징에 있는 나비가 날개를 퍼덕이면 대기에 영향을 주고 시간이 지날수록 증폭되어 미국 뉴욕을 강타하는 허리케인과 같은 엄청난 결과를 가져온다. 이른바, 나비효과(Butterfly effect)다.

세상은 '나' 없이도 잘 돌아간다. 아니, 더 잘 돌아간다. 몰락하지 않으려면 '달콤한 관성' 의 틀에서 벗어나야 한다. 정치도 마찬가지다. 정치가 변해야 국민이 살고, 국민의 삶이 나아지려면 정치가 먼저 변해야 한다. 그래서 사람을 바꿔야 하고, 나라가 나라다운 나라를 만들기 위해 애쓰고 있는 것이다. 6월 13일 지방선거가 그 발걸음이 돼야 하는 이유다.

계륵(鷄肋)

닭은 원래 독수리처럼 창공을 날아다니며 들쥐를 낚아채던 새였다. 그런데 한동안 날갯짓을 하지 않아 나는 법을 까먹었다. 더구나 인간이 던져주는 모이에 길들여져 가금(家禽) 신세가 됐다.

닭의 평균 수명은 10년이다. 하지만 보통 35일만 지나면 후라이드 치킨(Fried Chicken)이 된다. 생애의 1%도 못살아보고 죽임을 당한다. 살벌한 요절이다. 닭은 야맹증 환자다. 깜깜하면 뵈는 것이 없다. 빛에도 민감하다. 인간의 감지능력을 뛰어넘어 눈과 피부로 빛을 알아채는데, 그때 울음을 터뜨린다. 어둠을 뚫고 아침을 여는 울음소리는 상서로운 서조(瑞鳥)여서가 아니라 온전히 빛 때문이다. 새벽 1시 첫울음이 터지면 제사를 올리고 새벽 5시 울음이 터지면 하루를 여는 시보(時報)는 알고 보면 엉터리다.

닭은 버릴 게 없다. 튀겨서, 삶아서, 쪄서, 볶아서, 데쳐서, 구워서 먹는다. 뼈는 푹 과서 육수를 내고, 발은 양념닭발로 변신한다. 종교·문화·인종 가리지 않고 잡아먹는 가축도 닭밖에 없다. 한국인 1명이 1년에 닭고기 15.4kg을 먹는다는 통계가 있다. 1인당 예닐곱 마리를 먹어치우는 셈이다. 계란도 무지막지하게 먹는다. 암탉 1마리가 연간 180개의 알을 낳는데 사람은 1인당 연간 254개를 먹는다고 한다. 술 주(酒) 자에도 '닭'의 은근한 배려가 숨어있다. 닭(酉)이 물(水)을 먹는 것처럼 천천히 마시라는 뜻이 담겨 있는 것이다.

'닭대가리' 는 아둔한 사람을 놀릴 때 쓴다. 기억력이 3초를 넘지 않기 때문에 붙여진 말이라고 한다. 하지만 닭은 24개의 울음소리로 소통한다. 4000년 전부터 인간과 함께 살아왔기에 사람 10명 정도는 분간한다. 그러니 닭대가리가 아니다. 닭만도 못한 인간이 외려 닭대가리다. 자신이 저지른 일을, 자신이 하지 않았다고 부정하는 자가 닭대가리다.

'닭갈비' 를 뜻하는 계륵(鷄肋)은 큰 소용은 없으나 버리기는 아까운 것을 뜻한다. 세월도 계륵 같은 것이다. 안고가기엔 버겁지만, 그래도 버릴 수는 없는 필연의 업보다. 희망을 품은 세월은 한순간에 오지 않는다. 희망은 온전히 제 모습을 보여주지 않고, 절망 뒤에서 사람의 간을 본다. 항상 불신 뒤에서 애간장을 태우다가 온다. 인생이 우리를 속이는 건지, 우리가 세월에 속는 것인지 그 불분명한 경계가 두렵다. '닭장 속 삶' 이 두려운 것이다.

조선시대에는 인간이 식용으로 삼는 6가지 동물 '육축(六畜: 소 · 말 · 돼지 · 양 · 개 · 닭)' 이 있었다. 이들 가축은 식용이 가능했지만 먹거나, 먹지 않는 것으로 나뉘었다. 소는 농사를 지을 때 필요해 도축을 막았다. 말은 이동수단이었기 때문에 고기는 잘 먹지 않았다. 돼지는 많이 먹는데 비해 생산해내는 고기가 적었다. 양(羊)은 한반도에서 잘 자라지 않는 동물이어서 식용으로 삼기 힘들었다. 개는 조선후기, 일제강점기를 거치며 먹는 이와 먹지 않는 이가 갈렸다. 개장국(보신탕)을 먹지 않는 이들을 위해서 육개장이 나왔다. 닭은 해산물이나 쇠고기, 돼지고기를 구하기 힘든 내륙지방 사람들이 많이 먹었다. 물론 먹고 싶어서 먹었던 음식이 아니라, 어쩔 수 없이 먹던 음식이었다.

요즘 최대 화두로 떠오른 4차 산업혁명의 핵심은 기술이 아니다. 본질은 생각이다. 생각을 깨는 것이 혁명이다. 기존의 것과 관성을 버리는 것이 혁명이다. '원래 그런 거야'가 아니라 '이젠 아니야'라고 말할 수 있는 것, 고루하고 진부한 생각을 떨치는 것에서 4차혁명은 시작된다. 고로 자신의 생각이 옳다고 착각하면 안 된다. 불(1차 · 프로메테우스의 불), 전기(제2의 불), 원자력(제3의 불)을 거치면서 제4의 불(휴먼에너지)이 탄생한 것처럼 세상은 달라지고 있다. 그 세상은 틀린 게 아니라 다른 것이다. 제4차 산업혁명은 기술혁명이 아니라 사고혁명이다.

정치 시계가 쏜살같이 잘도 간다. 본격적인 선거 정국이다. 국민들은 누가 계륵인지 분간이 안 된다고 하소연이다. 계륵인 것 같은데 계륵이 아니고, 계륵인데 계륵이 아닌 척하는 이들이 있기 때문이다. 꽃밭을 걸어온 사람이든, 지뢰밭을 건너온 사람이든 선택의 자명종은 커졌다. 그게 꽃길인지, 가시밭길인지는 역사가 증명할 것이다. 그러나 분명한 것은 진실한 사람이 돼야 한다는 점이다. 또한 약속을 반드시 지키는 사람을 선출해야 한다. 그 또한 역사가 증명해 줄 터이다. 교육을 바꾸고, 지역을 새롭게 변화시키고, 더 나은 미래를 열어가기 위한 이유다.

머슴은 어디를 갔나

옛 세시풍속 중에는 '머슴날' 이란 게 있었다. 음력 이월 초하루가 그날인데 노비일, 아드렛날이라고도 불렀다. 봄기운이 완연해 농사채비를 시작하고 논밭을 처음 가는 시기다. 이날만큼은 주인이 머슴에게 새 옷과 음식을 내주며 상전처럼 모셨다. 머슴들은 풍악을 울리며 집집마다 곡식을 얻는 걸립(乞粒)을 행했다. 또 정월 보름에 세웠던 볏가릿대에서 벼이삭을 내려 흰떡을 만들고, 콩으로 만든 송편을 나이 개수대로 먹었다. 충청도에서는 가장 농사를 잘 지은 집의 머슴을 소(牛) 등에 태우고 마을을 돌았다. 일 년 열두 달 쉼 없이 일하는 머슴들이 단 하루만이라도 허리띠를 풀어놓고 흥겹게 놀았던 것이다. 하지만 그 내면에는 올해도 열심히 일해야 한다는 모종의 강압이 숨어 있었다.

김유정의 '봄봄' 에 나오는 봉필이는 처량한 머슴살이의 전형이다. 새경(私耕)은 주인의 뜻에 달려있어 '연봉' 으로 받거나, 현물로 받거나, 외상으로 깠다. 어떤 악덕주인은 새경이 아까워 공짜 머슴살이를 하면 딸을 주겠노라고 약조해놓고는 차일피일 미루다 총각귀신을 만들곤 했다. 이러니 평생 뼈 빠지게 꼴머슴 중머슴 노릇만 하고 인생을 망치는 사람이 많았다. 고려시대 용작, 조선시대 고공이라 불렸던 머슴의 역사는 이처럼 박복하고 비루하다. 물론 예나 지금이나 끼니때가 되어도 거저 밥술 주는 사람은 없다. 놀부 마누라 같은 주인이 밥풀때기 붙은 주걱으로 낮짝을 쳐주면 좋으련만, 그런 불쾌한 특전도 없다. 일을 않고는 죽도 밥도 없다.

선거철이 되면 출마자들은 저마다 스스로를 '상머슴'이라 자처하며 표심을 구걸한다. 그러나 공복(公僕)을 지칭했던 그들의 활약상은 미미했다. 하인을 자처하던 그들이 당선되고 나면 주인행세를 하니 주민은 늘 '을(乙)'이었고, 주인의식 없는 '갑(甲)'은 해가 바뀌어도 '을'을 하인처럼 부려먹었기 때문이다.

사장(甲)은 벌벌 기던 사원(乙) 때의 일을 잊는다. 깐깐한 선배는 물정 모르던 후배 시절을 잊는다. 단체장은 말단직원, 대통령은 평범한 '민초'일 때를 잊는다. 선생님은 제자, 부모는 자식, 부자는 가난한 시절을 잊는다. 침상에 거만하게 누워있는 병장(고참)은 침상 밑에서 원산폭격을 하며 지냈던 이병(졸개)시절을 잊는다. 시어머니는 딸만 보면 예뻐 죽겠는데 며느리는 미워 죽는다. 여당은 야당, 야당은 여당 때를 잊는다. 위층 사는 사람은 아래층 사는 사람 생각은 안하고 뛰면서 층간소음 때문에 살인까지 야기한다.

이제 역할을 바꿔보자. 사원은 사장, 후배는 선배, 제자는 스승, 며느리는 시어머니가 됐을 때를 생각해보라. 오십보백보다. 네 잘못이 내 잘못이 되고, 네 허물이 내 허물이 된다. 살인범과 강간범은 남을 해코지하면서 눈물 한 방울 흘리지 않지만 자신의 가족이 당했다면 피눈물을 흘릴 것이다.

역지사지(易地思之)는 상대편과 처지를 바꾸어 생각하라는 것이다. 인디언 속담에는 '남의 구두를 신어보라'는 표현을 쓴다. 자기 발에 맞지 않는 구두가 얼마나 불편한가. 충청도 양반 명재 윤증은 집안에서 절대 양잠(養蠶)을 하지 말라고 엄명을 내렸다. 뽕나무는 조선시대 농민의 생계용 작물이었기 때문에 그들의 밥벌이를 빼앗지 말라는 뜻이었다. 물론, 다른 사람의 처지에 자신을 놓아본다는 것은 편치 않을뿐더러 쉽지도 않은 일이다. 하지만 오늘 저지른 남의 잘못은 바로 어제 내가 저지른 잘못일 수도 있다. 서울 눈금은 항상 0(제로)에 가 있어야 무게를 제대로 잴

수 있다. 선입견 없는 중용의 무게, 그게 중요하다. 이제 '내' 가 '네' 입장이 되어보라. '네' 가 '내' 입장이 되어보라. 거울에 비친 당신은 누군가가 지켜보는 또 다른 당신이다.

사람의 두 발에는 52개의 뼈와 38개의 근육, 214개의 인대가 있다. 몸 전체 뼈 206개의 약 4분의 1이 모여 있는 셈이다. 발가락들은 '발' 로서의 개별성이 아니라 '몸' 을 지탱하는 객체로서의 보편성을 띤다. 그만큼 '발(足)' 은 견뎌야할 고통도 크다. 딱딱한 바닥에 발을 내딛는 순간 체중의 1.5배에 이르는 충격이 고스란히 52개의 뼈에 전달되기 때문이다. 보통 1.5km를 뛴다면 발뒤꿈치는 땅바닥에 10,000번 정도 닿아야 한다. 마라톤 코스 42.195km를 뛰려면 최소 66만 번을 지면과 맞닿아야 한다. 때로는 오르막, 때로는 내리막, 혹은 지루하기 이를 데 없는 평탄한 길을 견뎌야하는 것이다. 2시간 2분대의 마라톤 세계기록을 달성하려면 42.195km를 100m당 17초로 달려야 가능하다. 보통 사람들에겐 전력 질주에 가깝다. 달리기란 한계를 넘어서는 도전이자, '어제의 자신을 조금이라도 넘어서는 일' 이다.

정치도 인생과 마찬가지로 고난의 레이스다. 뛰기 싫어도 뛰어야한다. 중간에 멈추기도 애매하다. 멈추면 끝이다. '처음부터 다시 시작' 이라는 것도 없다. 마지막까지 포기하지 않는 정신이 달리기다. 인생의 종착지가, 한 걸음에서 시작되듯 걷고 뛰며 정거장을 채워간다. 가장 절망스러울 때, 가장 절박할 때 멈추지 않음으로써 '초심' 을 복기하는 것이다.

정치를 하려면 발바닥이 부르트도록 뛰어야 한다. 우리가 정치혐오증에 걸린 것은 열심히 뛰는 정치인이 없기 때문이다. 주인을 위한 머슴이 되어 열심히 뛰겠다던 그 머슴이 오히려 주인이 되어 게으름을 피워온 탓이다.

삶은 '성공' 이 아닌 '성장' 의 이야기다. 자기애에 빠진 떠버리가 되어 실제보다 더 권위 있고 영리한 척한다면 그게 바보다. '똑같은' 정치를 하기 싫다면 '똑바로' 라도 해야 한다. 인간은 누구나 휘청거리고 발을 헛디딘다. 휘청거리지 않도록 중심을 잡으려고 애쓰는 과정에 진정한 삶의 아름다움이 있다.

정치(인)에게 묻고 싶다. "그대들은 언제쯤 제살을 도려내는 각오로 나라를 위해 뛰고 또 뛸 것인가?'

Part 5

발자취

언론이 본 황신모

        교수라는 직함이 무거운 까닭은 학자로서의 연구와 동시에 자신의 지식을 타인에게 전수해주는 사명감에서 비롯된다. 두 가지 몫으로도 벅찰 법 하지만 교수의 본분인 연구와 인재 육성에 머물지 않고, 지역 발전에 기여하는 이가 있어 학계의 귀감이 되고 있다. 황신모 전 청주대학교 총장이 그 주인공이다.

'경제정책을 실현하기 위해 직접 발로 뛰는 한국의 케인즈!'

  황신모 교수는 영국 케임브리지 국제인명센터(IBC · international Biographical Center)가 발간하는 '21세기 2000명의 탁월한 지식인' (2000 Outstanding Intellectuals of the 21st Century)에 선정됐다. 마르퀴즈 후즈 후(Marquis Who's Who in the World) 등재에 이은 성과로, 지역 발전에 기여한 공로를 인정받아서다. IBC와 '마르퀴즈 후즈 후' 는 미국인명연구원(ABI)과 더불어 세계 3대 인명사전으로 꼽히고 있으며 각 분야에서 성과를 낸 인사들이 등재된다.

  황 교수의 전공은 경제정책으로, 거시경제에 대한 이론과 실무가 겸비되어야 하고, 이를 바탕으로 응용력이 풍부해 이를 활용하는 강점을 지니고 있다. 경제학자로서 이룩한 연구 성과를 이론에만 그치지 않고 연구실 밖으로 도출하는데 힘써 온 그는 주로 지역의 경제 활성화를 위한 연구를 하고 직접 정책에 반영되거나 실현될 수 있도록 사회운동을 전개해왔다.

황 교수가 지역경제에 관심을 쏟게 된 이유는 지방에 소재한 대학이라는 특수한 상황 속에서 지역의 정책을 연구하고 새로운 길을 제시할 만한 전문적 인력이 부족하다는 사실을 절감했기 때문이다.

그는 개인적인 연구 활동 외에도 한국동서학회의 회장으로서 지역균형발전과 경영·경제 분야의 연구역량 증진에 힘써왔다. 한국경영사학회와 한국산업클러스터학회, 한국전문경영인학회의 이사로도 활약하고 있다.

황 교수의 활동은 연구에 머무르지 않고 지역사회로 뻗어 나간다. 경제학자 혹은 사회학자들의 연구가 연구로만 그치는 것이 아니라, 지역발전과 국가발전을 위해 노력해야한다는 그의 철학에 기인한다.

실제로 황 교수는 보다 더 가까이 시·도민들에게 다가가기 위해 충청일보와 충청타임즈에서 15년 이상 논설위원을 하며 지역민들에게 시사적 문제를 제기하고 지역의 현안에 대한 해설과 함께 새로운 방향을 제시했다.

또한 청주 MBC 시사 전문 토론 프로그램 'TV광장' 의 사회자로 활약하기도 했으며, 자신의 이름을 건 '황신모의 시사포커스' 라는 라디오 프로그램도 진행했다.

시민단체와 사회활동을 통해 지역과 지역민을 위한 왕성활 활동을 실천해 나가기도 했다. 그리고 충북경제정의실천시민연합의 상임공동대표로 충북시민사회단체연대회의 상임공동대표를 맡아 지역주민 모두가 일한 만큼 대접받고 사회적 약자도 보호받는 공정한 사회를 위해 힘을 쏟고 있다.

이러한 그의 노력은 국내뿐만 아니라 세계적으로 인정받아 영국 캠브리지 국제인명센터가 뽑은 21세기 2000명의 탁월한 지식인에 선정된 것이다.

'국가균형발전은 좋은 일자리 창출에서 시작된다.'

항상 지역현안의 선두에 서 있는 황신모 교수는 지역경제발전, 더 나아가 국가의 발전을 위해서는 지역균형발전과 좋은 일자리 창출이 중요하다고 말한다.

황 교수는 "모든 권력이 수도권에 집중되어 있으니 금융도 언론도 대학도, 그리고 문화 예술 분야까지 수도권에 집중되고 있다." 며 지역은 물론, 과도한 집중으로 몸살을 앓고 있는 수도권 발전을 위해서라도 국가균형발전이 필요하고, 여기에는 분권이 필연적으로 따라줘야 한다고 힘주어 말한다.

황 교수는 지역발전의 또 다른 해결책으로 양질의 일자리 창출을 꼽는다. 일자리가 확보되지 않으면 지역의 인구가 유출돼 노동시장이 제대로 형성되지 않아 공동체 자체가 와해될 수 있기 때문이다.

황 교수는 또, 다수 시민의 여론을 수렴하고, 소외된 시민들의 권익을 대변하는 한편, 제도권에서 주장하기 어려운 의제를 발굴하고 제도권을 향한 비판기능을 강화하는 것이 시민사회단체의 몫이라고 생각한다. 이를 위해서는 탈(脫)이념, 탈정치를 추구해 시민사회단체의 정체성을 확립하고 시민들의 의견을 최대한 반영할 수 있도록 사업의 방향을 결정해야 한다고 설명한다.

'지금 필요한건 새로운 자본주의 경제질서의 정립'

황신모 교수는 지금을 "자본주의 경제 질서의 위기" 라고 말한다. 미국의 금융위기가 실물경제로까지 확산되고 국경을 넘어 유럽과 아시아 등 전 세계로 확산됐는데 이는 이미 세계가 경제공동체로 묶여 있으며 미국경제의 문제는 곧 우리경제의 문제이기도 하다는 뜻이다.

그는 미국의 경제상황의 위험성에 대해서도 경고한다. 우선 "미국중심의 자본주의 경제 질서에 대해 지나치게 시장만능주의로 흘러가고 있다." 며

"이러한 현상이 물질만능주의를 낳았고 시장에서는 장기적 이익보다는 단기적 이익만을 추구하여 가진 사람만 더 갖게 되는 경제양극화의 기형적인 경제구조를 이루게 되었다." 고 말한다.

그는 정부의 지나친 시장개입에 대해서도 우려를 표한다. 정부의 잘못된 시장개입은 정책실패, 정부실패를 초래하기 때문이다. 그래서 황 교수는 각 경제주체들의 자율성을 최대한 보장하는 시장경제 중심의 자본주의 경제 질서의 기본 틀은 유지해야 하지만, 공동체의 이익을 해치는 자본주의 경제 질서는 지양해야 한다고 주장한다.

그는 정책적인 면 외에도 공동체 정신의 확립이 어느 때보다도 필요하다는 것을 이야기한다. 우리나라에 닥친 두 차례의 경제위기로 인해 중산층이 붕괴하고 경제 소외계층이 늘었는데 민주주의가 정상적으로 발전하려면 중산층의 비중이 커져야 한다. 그는 경제정책의 초점이 중산층에 맞춰져야 하고 기득권층의 배려와 공동체적 정신이 요구된다고 말한다.

다시 初心으로

올해로 '충북
·청주경제정의실천시민연합' (충북·청주경실련)이 창립 23년을 맞는다. 1994년
4월 16일 창립한 충북경실련은 지역사회 전반을 개혁하고 서민경제·전통시장·
중소상인·중소기업 등을 살리며 지방분권과 국가균형발전을 이루기 위해 지난 사
반세기 동안 굵은 땀방울을 흘려왔다. 충북·청주경실련은 충북에서 시민사회운동
을 처음 시작한 충북시민사회운동의 효시이자 충북시민사회단체의 선두주자이다.
1989년 국내 최초의 시민사회단체로 출범한 '경실련' 의 15번째 지역조직이며 비
(非)정파, 비이념, 비종교, 반(反)재벌, 투기근절을 캐치프레이즈로 내걸고 권력비
판운동을 전개해 오고 있다.
충북·청주경실련의 슬로건은 '사람답게 골고루 잘사는 열린사회' 이다. 이를 위
해 지역경제 살리기 운동, 대형마트 규제운동, 아파트값 거품빼기 및 분양가원가
공개운동 등 경제 분야뿐 아니라 매니페스트운동, 지방분권·국가균형발전·행정
수도 등 지방살리기 3대 특별법 제정, 수도권 규제완화 반대 및 지역균형발전 운
동, 호남고속철도 분기역 오송유치 운동, 국제과학비즈니스벨트 사수운동 등 지역
현안 문제 해결에 앞장섰다. 지역 문제에 늘 함께 한 셈이다.

그런 의미에서 충북·청주경실련과의 인연은 어찌 보면 숙명과도 같은 일이다. 경
제학을 전공한 학자로서, 교수로서 이론을 현실과 연계할 수 있는 역할을 할 수

있기 때문이기도 하다.

　실제, 충북·청주경실련이 있었기 때문에 부동산투기, 대기업 독식, 중소기업 · 소상공인 불이익 등을 막을 수 있었다고 생각한다. 전통시장으로부터 1㎞ 이내에 대형마트가 들어서지 못하게 하는 유통산업발전법 개정과 소상공인들에게 매우 불리하게 정해졌던 카드업체의 카드수수료율도 입법을 통해 내린 것도 충북·청주경실련으로부터 시작돼 전국 경실련 활동으로 확대된 것이고, 대형마트 월 2회 휴무도 충북·청주경실련이 주도적으로 해낸 일이다. 물론 우리의 중소상인살리기운동 덕분에 전국 최초로 대형마트 24시간 영업반대운동이 영업시간제한 법안 제정으로 이어지는 성과를 거두기도 했다.

　충북·청주경실련 창립 멤버로 1994년 4월 16일 청주 C.C.C 아카데미센터에서 150여 명의 발기인과 함께 참여한 이래 지금까지 '일한 만큼 대접받는 공정한 사회, 부정부패가 없는 깨끗한 사회, 시민이 주인이 되는 사회'를 만들기 위한 시민활동을 펼쳐왔다.

　창립 당시에는 88서울올림픽 이후 부동산 투기가 극성을 부렸고 재벌들의 문어발식 경영이 심화되고 있을 때다. 이에 따라 충북·청주경실련은 '부동산 투기는 사회악'이라고 규정하고 재벌의 문어발식 경영에 대해 강도 높게 비판하면서 경제정의, 사회정의를 슬로건으로 내걸고 왕성한 활동을 전개했다.

　충북·청주경실련은 한마디로 요약하면 '상생'으로 집약할 수 있다. 소상공인도 잘 살고, 대기업도 잘 살고, 중소기업도 잘 되고, 함께 잘 사는 상생협력을 이뤄지는 중심에 경실련이 있기 때문이다.

무엇보다 세종시 원안사수 운동이 가장 기억에 남는 순간 중 하나다. 2003년 12월 29일 '지방살리기 3대법' 이 국회 본회의를 통과하던 그날의 감격은 지금도 잊을 수 없다. 지방살리기 운동이 결실을 이룬 날이기 때문이다.

그리고 청주·청원 통합도 우리 경실련이 실무를 맡아 능력을 발휘해 이루어낸 업적이라 할 수 있다. 난 여기에서 정책위원으로 오랫동안 활동을 하면서 시민사회운동이 자기주장만 하는 단체가 아니라 정책을 제안하는 대안 있는 단체로 변화하는데 노력했고 후에는 상임공동대표로서 경실련을 이끌기도 했고, 중앙경실련 중앙위원회 부의장으로서 경실련전체의 활동에 중심역할을 하기도 했다. 이제는 경실련을 떠나 있지만 창립당시 힘든 과정에서 겪었던 때를 떠올리며 그 마음 그대로, 초심을 잃지 않고 다음 영역에서도 걸어온 지난날을 되새기며 한발 한발 뚜벅뚜벅 전진해 나갈 계획이다.

세종시 원안사수 그 기억의 편린

정부가 2010년 8월 20일 중앙 행정기관 세종시 이전을 위한 이전계획 변경 고시를 관보에 고시하기로 함에 따라 당시 이명박(MB) 대통령의 수정안 제시로 촉발된 세종시 건설 논란이 일단락됐다.

당시 '중앙행정기관 등의 이전계획' 변경 고시는 MB가 당초 취임이후 6개월 이내에 시행하겠다고 밝혔던 것과 달리 1년이 훨씬 지난 419일 만에 약속이 지켜졌다.

MB가 세종시 건설의 원안을 대폭 축소한 수정안을 추진하다 국회 본회의에서 부결된 지 50여 일만에 이전계획 변경고시가 이뤄진 것으로, 1년 여 동안 정국을 혼돈의 소용돌이로 몰아넣었던 MB의 비일관성의 세종시 정책으로 촉발됐던 문제였다.

더욱이 MB는 대선 과정에서는 '명품 세종시'를 건설하겠다고 공약했다가 당선된 뒤에는 이를 뒤집어서 기존의 약속을 버렸던 탓에 행정수도범국민연대를 비롯해 필자가 몸담았던 충북·청주경실련 등 각 시민사회단체는 물론, 충청권 시·도민들의 엄청난 저항을 불러왔다.

당시 우리는 "지난 1년 여 동안 자족기능을 둘러싼 수정안 제의에 따른 대립으로 국론분열은 물론 민심이 사분오열된 만큼, 여야 구분 없이 국가균형발전 및 국가백년대계를 위해 원안에 포함돼 있는 자족기능방안 실천을 위한 구체적인 실행계획과 함께 원안추진에 대한 의지를 다져야 한다."고 강력히 촉구한 바 있다.

이와 함께 "'세종시 설치 특별법'의 조속한 제정과 행정절차를 차질 없이 이행해 당초 계획대로 2014년까지 행정기관 이전이 마무리될 수 있도록 해야 한다" 고 강조했다.

MB의 실정(失政)은 그 뿐만이 아니었다. 세종시 수정안이 국회 본회의에서 부결된 후, 정부가 MB의 충청권 핵심 대선공약인 국제과학비즈니스벨트를 놓고도, 원점에서 재검토할 움직임을 보이면서 세종시 논란에 이어 충청권의 거센 저항에 직면하기도 했다.

당시 우리는 "마땅히 충청권에 입지해야 할 국제과학비즈니스벨트를 세종시를 핑계로 다른 지역으로 돌릴 수 있다는 발상은 '세종시 수정안 국회 부결' 에 대한 분풀이에 불과하다." 고 반발했고, 그 또한 국제과학비즈니스벨트원안 추진을 운동을 충청권 민관정이 협력하여 강력히 추진했다.

당시 필자는 국제과학비즈니스벨트 대선공약이행 범충청권비대위 상임공동대표를 맡아 적극적으로 활동하였고, 어떤 때에는 철야농성을 벌였던 일은 아직도 생생한 기억의 편린으로 남아 있다.

전국의 민심도 이 같은 충청 민심에 화답했다. 사실상 이명박 정부의 중간평가로 여겨졌던 2010년 6·2 지방선거가 여당의 참패로 끝나면서 '민심은 천심' 이라는 지극히 당연한 결과를 표로 보여줬기 때문이다.

이명박 정부는 출범 초기엔 '미국산 쇠고기 수입' 논란으로, 임기 중반에 들어서는 세종시 수정안 논란이 모든 정치·사회 이슈를 집어삼키는 '블랙홀' 역할을 하면서 국론이 사분오열로 갈라지고, 국가발전도 뒷걸음치는 결과를 초래했다.

'천망회회 소이불루(天網恢恢 疏而不漏·하늘의 그물은 눈이 굉장히 넓어서 성근 것 같지만 죄인을 결코 빠뜨리지 않는다)' 라고 했다.

악한 사람이 악한 일을 할 경우 당장 벌을 받거나 화를 입지 않지만, 결국 언젠가는 자기가 저지른 죄값을 치르게 된다는 말이다.

최근 국정원 특별활동비 문제와 다스(DAS) 실소유주 의혹 등으로 사면초가에 몰린 MB가 세종시와 국제과학비즈니스벨트 등을 놓고 벌였던 그 때의 자신의 약속을 뒤집고 추진했던 비일관적인 정책과 그의 아집에 대해 어떤 생각을 하고 있을지 궁금하다.

그래서 참다운 정치는 살아 있는 물고기가 맑은 샘물을 찾아 탁류를 힘차게 거슬러 올라가는 것과 같은 생명력을 가져야 한다고 하지 않았던가.

결코 한 입으로 두말하지 않고, 약속을 목숨처럼 여기며, 언행을 일치해 신뢰할 수 있어야 한다는 얘기다.

그렇다. 지금 우리에게 필요한 것은 한 번 내뱉은 약속은 꼭 지켜져야 한다는 점이다. 그 것은 동서고금을 막론하고 역사가 우리에게 가르친 영원한 진리이자 위대한 교훈이다.

칡뿌리로 부르는 갈근(葛根)의 갈(葛)과 등나무의 등(藤)은 대표적인 덩굴나무다. 이것들이 딴 것에 엉켜 붙을 땐 여간 귀찮은 게 아니다. 심지어 식물이나 나무까지도 고사시킨다. 갈등은 그래서 성가신 존재다. 갈등이 난무하는 정치도 그래서 나라를 어렵게 만든다.

지금 우리 국민이 졸장부의 정치가 아니라, 국민 앞에 당당하게 큰 뜻을 펼치는 대장부의 정치가 이뤄지는 위대한 나라를 고대하고 있는 연유다.

검도인의 길

　　　　　노자의 '도덕경'에는 삶의 중요한 가치는 높은 곳에서 낮은 곳으로 흐르며 어떤 모양에도 맞추어 사는 물 같은 삶을 살아야 한다고 가르친다. 앉으면 눕고 싶고, 누우면 자고 싶다는 이야기와 배치되는 삶이라 그리 쉬운 일은 아니다. 물 흐르듯 먼저 나아가려 다투지 않는 상선약수(上善若水)의 이치처럼 그러한 삶을 살 수만 있다면 그보다 선한 일도 없을 것이다.

　전임교수가 되어 평생 동안 할 수 있는 운동이 무엇인가를 찾다가 1992년부터 검도를 시작했다. 체력을 단련하면서도 칼을 다루기에 정신을 집중할 수 있는 운동이라 생각했기 때문이다. 검도는 기(氣), 검(劍), 체(體)를 하나로 모으는 정신운동이자 마음을 수양할 수 있는 운동이다.

　검도의 목적은 운동을 통하여 심신을 단련하고 인격을 수양하며, 건전한 여가선용을 하는 데 있다. 검도 수련은 신체를 강건하게 하고 동작을 민첩하게 하며, 자세를 바로잡아 품격을 갖추도록 하는 심신단련 운동이다.

　또한, 판단력과 결단력을 키워주고 적극성, 용기, 자제심, 관용, 인내심도 북돋아준다. 무엇보다 상대의 입장을 존중해 예의를 지켜야하기 때문에 배려심이 절로 생기는 운동이다.

　젊은이들과 대련을 하다보면 마음도 젊어지고 심신도 정화되는 느낌을 받게 된다. 나는 그런 검도를 사랑한다. 물론 단전·복식호흡을 통해 마음의 안정을 찾을 수 있는 수영도 좋아하지만 사반세기를 중단 없이 수행 정진한 검도에 대한 애정이 더 크다.

 한국사회인검도연맹 이사, 충북검도협회 이사와 부회장으로 활동하면서 검도인 저변확대에 신경을 기울인 것도 상대를 존중하고 예의를 강조하는 그런 검도의 정신에 매료됐기 때문이다.

 우리의 정치도 자신의 마음을 다해 노력하며 그 노력으로 인해 모두가 평안해지는 수기안인(修己安人)의 자세로 백성을 받드는 겸허함이 바탕 되는 그런 정치이기를 소망한다.

▲검도는 상대의 입장을 존중해 예의를 지켜야하기 때문에 배려심이 절로 생기는 운동이다. 물 흐르듯 먼저 나아가려 다투지 않는 상선약수(上善若水)의 이치를 가르쳐주는 검도에 대한 애정이 그래서 더욱 크다.

[황신모의 詩 世界]

육거리시장

황 신 모

청주에는
즐거움이 있고
풍요함이 있고
그리움이 있고
외로움도 있다.

육거리시장이 있다.
골목골목 마다
꽁치, 갈치, 고등어, 오징어,
닭고기, 소고기, 돼지고기
어머니들의 얼굴이 보인다.

수박, 참외, 자두, 복숭아, 토마토, 각종 과일들
어머니들 가판대
자식에게 별도 달도 따다 가슴에 달아 준다.

오이소박이, 열무김치, 고추장 마음 비벼
한 낮에도 밤하늘처럼 별이 된 어머니
주름진 얼굴, 멀리 가버린 얼굴, 보고픈 얼굴이다.

육거리 장터에 어둠이 깔려온다.
채소장수, 과일장수, 떡장수 떨이소리 들려온다.
순댓국 소주로 인생철학 소리 들려온다.

무심천의 새벽

구름 멀리
산 너머 들길 멀리
마음 길 따라
무심의 언덕을 넘어 새벽이 온다.

아지랑이 아롱거리는 무심 나들이
실바람 타고 오는 꽃바람 꽃향기
마음 길 따라
무심의 언덕을 넘어 새벽이 온다.
 무심의 강가를 바라보며
흐르는 물소리
느끼는 마음소리
무심의 언덕을 넘어 새벽이 온다.

노을 진 갈대숲에서
일몰의 태양을 바라보며
마음 하나 울고 울며
잃어버린 마음 하나를 찾고 있다.

무심천 강 너머에서
무심을 찾기 위해
무심천을 헤매다가
용화사 범종소리에 고요를 깨고
무심의 언덕을 넘어 별이 되란다.

새벽비

황 신 모

오늘 새벽에 비가 내리고 있다.
겨울비가 내리고 있다.
세찬 바람과 함께 비가 내리고 있다.
마음에 단비가 내린다.

새벽에 비가 내리면
고요함과 함께 조화를 이루어
온 천지를 깨끗이 닦아 내린다.

새벽에 비가 내리면
미래의 기운과 함께 조화를 이루어
진리의 삼매경에 빠져 버린다.

새벽에 비가 내리면
외로움과 함께 조화를 이루어
내 마음을 깨끗이 닦아 내린다.

겨울비를 맞으며 산책을 한다.
쌀쌀하고 세찬 바람이

얼굴에 묻어오고
가슴에 묻어오고
내 마음은 어느새 기쁨으로 가득 차 있다.

등단 당선소감

황 신 모

　　요즈음 계절의 변화를 예민하게 느끼며 살아가고 있다. 오늘도 새벽에 일어나 신문, 잡지에 게재되어 있는 시를 소리 내어 읽는다. 그리곤 머릿속에 그려진 소재를 가지고 몇 편의 시를 메모지에 옮겨 적는다. 오늘따라 시에서 느끼는 감성 이입이 깊게 다가온다. 나이 탓인가, 계절 탓인가, 자연 탓인가. 생활 탓인가를 생각해 본다. 얼마 전까지만 하더라도 이러한 느낌은 별로 없었던 것 같다. 그런데 요즈음 느끼는 인생은 더욱 아름답고 풍요롭다는 생각이 든다. 인간관계 또한 깊은 교감으로 아름다운 교분을 나누면서 살아가고 있다. 특히 문인들과의 교분으로 더욱 풍요로움을 느낀다. 감사한 마음이다.

　어린 시절, 글쓰기를 무척이나 좋아 했다. 일기도 썼고, 수필도 썼고, 기행문도 썼고 감상문도 썼다. 그리고 성인이 되었고 교수가 되었다. 어느 때부터인가 글을 써 달라는 청탁이 많아졌다. 그리고 신문사의 논설위원이 되어 십 수 년을 글쟁이로 살아왔다. 그러나 이러한 글로서는 감성을 충족시킬 수 없었다. 글속의 깊은 맛을 느끼고 싶었다. 매일 매일 시를 소리 내어 읽으며 마음속에 감추어져 있는 감성과 상상력을 일깨우고 있다. 시는 인생과 자연의 깊은 맛을 깨닫게 해 준다. 이번 당선을 계기로 인생과 자연을 보는 눈이 깊어지고 인생의 깊은 맛을 느낀다.

아침인사

황 신 모

오늘도 많은 사람들을 만나고
지쳐서 자리에 눕는다.
이제 충전할 시간이다.

잠자리에 눕자마자 그대로 잠으로 직행한다.
그 시간은 1분이면 족하다.
몇 시간 후 자리에서 일어나
옆방인 서재로 향한다.
책상 앞에 일단 앉으면 마음에 평화가 찾아온다.

고요한 새벽이다.
시계는 2시를 가리키고 있다.
한 점 소음도 없는 한적한 새벽이다.
난, 이런 분위기를 오랫동안 즐기고 있다.

이때 많은 일들을 생각한다.
이때 좋은 아이디어들이 떠오른다.
이때 유익한 지혜가 뭉실 뭉실 다가온다.
세상의 일들로부터 영적인 영역까지 한계가 있을 리 없다.

인간은 유한하게 살고 있는 것 같지만
무한한 존재와 같이 살고 있기도 하다.
한 번 크게 웃어 본다.
그리고 나 자신에게 아침인사를 한다.

선거

황 신 모

선거란 오묘한 집합예술이다.
선거란 어려운 종합예술이기도 하다.

대단한 현자가 선거에 입후보하는 것 같기도 하다.
대단한 범인이 선거에 입후보하는 것 같기도 하다.
대단히 우직한 사람이 선거에 입후보하는 것 같기도 하다.
대단한 바보가 선거에 입후보하는 것 같기도 하다.
그래서 난, 선거를 종합예술이라 부른다.

선거에서 2등은 없다고 한다.
선거에서는 1등만이 환희를 만끽하고
나머지는 쓸쓸하게 퇴장한다.

다음을 기약하는 사람도 있고
다음을 기약하지 못하는 사람도 있다.

미래를 다시 설계하는 사람도 있고
미래의 희망을 접고 은둔하는 사람도 있고
미래의 희망을 잃고 인생 패자로 살아가는 사람도 있다.
선거란 참으로 오묘한 집합예술이다.

그래서 선거출마자들은 승자나 패자나 모두 대단한 사람들이다.
그들은 한편의 드라마 같은 인생을 살고 있는 것이다.
그들은 자의든 타의든 격정의 드라마를 쓰고 있는 것이다.

보수와 진보

황　신　모

우리 인생은 참으로 복잡 다양하다.
우리 인생은 사람마다 살아가는 모양이 다르다.
둥근 인생을 살아가는 사람도 있고
모난 인생을 살아가는 사람도 있다.

돈에 매달려 살아가는 사람도 있고
권력에 매달려 살아가는 사람도 있고
명예에 매달려 살아가는 사람도 있다.

자유를 중시하며 살아가는 사람도 있고
평등을 중시하며 살아가는 사람도 있다.

개인의 이익을 중시하며 살아가는 사람도 있고
공동체의 이익을 중시하며 살아가는 사람도 있다.

효율을 중시하며 살아가는 사람도 있고
공평을 중시하며 살아가는 사람도 있다.

경쟁사회를 만들어야 한다고 주장하는 사람도 있고
공존사회를 만들어야 한다고 주장하는 사람도 있다.

전통에 매달려 살아가는 사람도 있고
미래에 매달려 살아가는 사람도 있다.

우리는 이들을 보수와 진보의 잣대를 들이 대며 살아간다.
우리는 참으로 어리석다는 생각에 잠긴다.
보수와 진보는 따로 분리해서 생각할 수 있는 것이 아니다.

새는 두 개의 날개로 창공을 날고 있다.
좌측 날개와 우측 날개가 튼튼해야 힘차게 창공을 날게 된다.
새에 한쪽 날개가 없다면
새에 한쪽 날개가 제대로 기능을 못한다면
새가 힘차게 창공을 날 수 있겠는가를 생각해 본다.

우리 인생도 우리 사회도 우리 국가도 같은 이치이다.
보수와 진보는 따로 분리되어 있는 것이 아니다.
보수와 진보가 조화를 이루어야 건강한 사회가 이루어지고
미래를 향하여 진화하게 되는 것이리라.

[준비된 일꾼, 준비된 자상함]

딸이 바라본 나의 아버지

청주 하얀드림피부과 원장 황영지

  우리 가족들은 모두가 매우 바쁘게 열심히 살아가고 있다. 그러나 아버지께서 부르면 온 가족이 만나 식사를 하며 그동안 있었던 시시콜콜한 일들까지 앞 다투어 경쟁하듯이 이야기의 꽃을 피우며 즐거운 시간을 보낸다. 요즈음에는 나도 동생도 아기를 낳아서 키우느라 더욱 바쁜 생활이지만, 이제는 이야기의 주제가 자연히 아기의 건강과 교육 문제로 옮겨가 열띤 토론을 하고 있다.

  겉으로 보기엔 완벽해 보이는 우리 가족에게도 남들에게는 이야기하지 않았던 아픔이 있다. 고교 선생님이셨던 나의 어머니는 15년 전, 오랜 투병 끝에 우리 곁을 떠나셨다. 큰 딸인 내가 갓 새내기 대학생이었고, 3살 터울의 남동생은 고3 수험생이었으며, 늦둥이 막내 동생은 겨우 5살 아이었다. 그 당시 우리 삼남매는 너무 어렸고, 각자의 슬픔에 잠겨 아버지에게 남겨진 삶의 무게에 대해서는 헤아릴 수도 없던 시기였다.

우리 삼남매가 이런 아픔을 딛고 멋지게 성장하게 해준 뒤에는, 직접 구운 토스트와 시시콜콜한 이야기로 아침을 맞아주던 든든한 나의 아버지가 계시다. 누구에게나 아버지는 소중하고 특별하겠지만, 이런 까닭에 나에게 아버지는 더욱 특별하다.

아버지께서는 항상 엄마이자 아빠였으며, 든든한 버팀목이자, 누구보다 마음이 잘 맞는 친구였다.

의과대학에 진학하여 친구들이 아버지와의 대화를 듣고, 어떻게 아버지와 친구처럼 소소한 이야기부터 솔직한 속내까지 1-2시간씩 말할 수 있냐고 놀라는 것을 보고 다른 아버지들과 비교해본 적이 있었다. 나의 아버지는 확실히 그 시대의 다른 아버지들과는 달랐다.

아버지는 나의 일상에 대해 궁금해 중학교 3년 동안 등교 길을 함께 해주었고, 독서에는 취미가 없던 나에게 '가족 독서품평회' 라는 독서 토론 시간을 통하여 책 읽는 즐거움을 깨우쳐주려고 노력하셨다. 여행과 체험을 통하여 사회 전반에 대해 넓은 시야를 가지도록 유도했었다는 것을 20살이 넘어서야 깨우쳤다. 이제 막 학부모로 첫발을 딛게 되어 생각이 많아진 나는, 소통과 대화를 통하여 자율적으로 공부하게 하고, 올바른 진로를 찾아줬던 아버지를 돌이켜보게 된다. 부모의 능력과 선택에 따라 자녀의 미래가 결정되는 비정상적인 시대인 지금, 학부모의 한사람으로서 아버지 같은 교육관을 가진 지도자가 더욱더 간절해진다.

나는 병원 개원 6개월인 초보 개원 전문의이자, '워킹 맘' 이다. 우리나라에서 워킹 맘으로 산다는 것은 듣던 것보다 어려워서 보통의 책임감과 모성애로는 잘 해낼 수가 없다. 아버지 혼자서 늦둥이 막내 동생을 포함한 삼남매를 키워낸 것이 부모가 되고나니 새삼 감사하고 존경스럽다.

이제 막 개원한 나는 일과 육아의 균형 속에서 허덕이는데, 내가 기억하는 아버지는 어느 하나 소홀한 법이 없었다. 학교 일과 외부 활동을 마치고도 가정에 충실한 다정한 가장으로, 새벽 4시에 독서와 명상으로 하루 일과를 시작하며 자기계발에도 쉼 없이 노력하셨다. 수십 년 동안 변함없이 정직하게 가정과 사회에 대해 책임을 다하신 아버지의 삶을 가장 가까이에서 지켜본 딸로서 나의 아버지를 진심으로 사랑하고 존경한다.

나는 아버지가 충북의 교육을 바로세우겠다는 뜻을 처음 발표했을 때 응원과 함께 우려가 되기도 했다. 본인과 가족에 대한 네거티브가 난무한 선거판에서 원칙주의 자인 아버지가 상처받지 않을까 하는 걱정 때문이었다. 충북에서 오랫동안 교육자 로서, 학교에서 뿐 아니라 사회적으로도 왕성한 활동을 하셨기 때문에 정치권에서 함께하기를 바라던 분들이 많았지만, 사리사욕을 채우는 것에 관심이 없는 아버지 는 모두 거절하셨던 것으로 안다.

하지만 교육자이자 충북을 사랑하는 도민의 한사람으로서 더 이상 충북 교육이 무 너지는 것을 볼 수는 없었기 때문에 어려운 결정을 하신 것이라 생각한다. 도덕과 윤리를 중요 덕목으로 생각하며 삶을 통해 실천해 오신 진정한 교육자이자 자랑스 러운 나의 아버지의 이번 선택에 대하여 누구보다 큰 박수와 응원을 보낸다. 다산 정약용은 아버지가 가장 존경하는 인물 중 한 사람이라고 말씀하신 적이 있는데, 아버지와 닮은 점이 많은 것 같다. 학문에 대한 순수한 열정, 교육자이자 사회 지도 층으로서의 윤리와 도덕, 새로운 것에 대한 도전과 열린 마음, 자식과 가족에 대한 사랑 등이 바로 그것이다.
이렇게 짧은 글로 아버지에 대한 나의 마음을 모두 표현할 수는 없지만, 아버지에 대한 존경과 사랑의 마음을 조금이나마 전하고자 한다.

[그 열정을 누가 말릴까]

이제 부모로서의 삶을 시작하는 아들이 바라본 나의 아버지

변호사 황 태 륜

학습에 대한 순수한 열정

아버지를 생각하면 가장 먼저 떠오르는 인상은 서재에서 공부하고 계시는 모습이다. 아버지는 매일 아침이라 부르기엔 이른 새벽 4시경 일찍 하루를 시작하신다. 때로는 차분히 독서를 하시고, 또 때로는 산더미처럼 쌓여있는 문서 속에서 마치 보물찾기를 하듯 부지런히 자료를 찾고 계신다. 그리고 나선 기억하고자 하는 문구를 메모하시고, 그 메모를 소리 내어 읽으신다. 정신없이 바쁜 하루를 보내고 지쳐 잠드신 다음날에도 아버지는 언제나 같은 시간 같은 자리에서 무언가에 열중하여 고민하고 연구하신다. 셀 수 없이 많은 강의를 하시고, 글을 써 오셨음에도 그 준비에는 언제나 빈틈이 없다. 이는 아버지의 수십 년 동안 계속되고 있는 오랜 습관이고, 그 모습은 언제나 즐거워 보인다. 매일 아침 서재에서 공부하고 계시는 아버지의 모습을 볼 때마다 학자로서의 학문에 대한 순수한 열정과 교육자로서 학생들에게 새롭고 유익한 정보와 지혜를 전달하고자 하는 강한 책임감이 느껴진다.

이러한 아버지의 학습에 대한 순수한 열정은 그 범위도 매우 넓다. 교육과 경제를 비롯하여 정치, 사회, 문화, 과학까지 다양한 분야에 관심을 갖고 학습하신다. 그러나 보니 나에게 있어 아버지와 나누는 대화는 몇 권의 책이나 몇 시간의 강의 보다 인식의 지평을 넓혀준다. 이제 30대 중반이 된 지금도 인생의 중요한 선택과 고민의 지점에서 아버지의 혜안과 조언을 찾게 된다.

건강한 몸과 마음

요즘 친구들과 만나 대화를 나누면 전과 다르게 부모님의 건강에 대한 걱정이 대화 주제가 되곤 한다. 그럴 때 마다 아버지께 죄송한 마음과 동시에 감사한 마음이 들곤 한다. 아버지는 술과 담배를 즐기지 아니하고 검도, 조깅, 체조 등 다양한 운동을 통해 건강관리를 하신다. 그리고 특히 명상을 즐기신다. 그러다 보니 아버지는 30대와 20대인 두 아들보다 근력과 체력이 더 좋으시다.

하지만 무엇보다 아버지의 건강 비결은 10여 년 전부터 짓고 계시는 농사가 아닐까 싶다. 아버지의 유일한 취미 또는 여가는 농사인 듯하다. 하루는 아버지와 함께 무더위 속에서 온종일 땅을 일구고 집에 돌아오는 길에 아버지는 왜 이렇게 힘든 농사를 지으시냐고 여쭈어 본 적이 있다. 이에 아버지는 농사는 노력한 만큼 수확하는 것이라고 말씀하시면서 그 정직함이 농사의 덕목이자 매력이라고 하셨다.

어쩌면 아버지의 삶이 이와 같지 않나 생각한다. 요령과 반칙 없이 묵묵히 오랜 시간 같은 자리에서 누구보다 성실하고 정직하게 자신의 일을 해 오신 아버지에게 농사는 정말 잘 어울리는 취미인 것 같다.

가족에 대한 사랑과 책임

　나의 배우자가 아버지에 대해 놀랐던 것들 중 하나는 아버지가 우리 3남매의 가까운 친구들의 이름을 모두 알고 계시고, 30년 넘은 소소한 사건들까지 기억하고 계신다는 점이었다. 우리에게는 너무도 당연한 것이 누군가에게는 놀라울 수 있다는 것에 오히려 놀랐던 적이 있다.

　아버지는 언제나 가족과 대화하며 일상을 공유하신다. 나의 경우만 봐도 철없이 뛰어 놀던 어린 시절, 반항과 방황의 연속이던 사춘기 시절, 진로를 고민하던 20대 시절 아버지는 언제나 가장 가까운 곳에서 지켜봐주셨고, 함께 고민하고 응원해 주셨다.

　내 위로 3살 터울의 누나가, 아래로 12살 터울의 남동생이 있다. 어느덧 누나와 나는 30대 중반이 되었고, 동생은 이제야 입시를 마치고 대학 진학을 기다리고 있다. 아버지는 어찌 보면 30년이 훌쩍 넘는 시간을 육아와 자녀 교육을 하고 계신 셈이다. 그 과정을 돌이켜보았을 때, 아버지가 가족들에게 최선을 다하지 않은 순간은 없었다.

　지난 9월 나도 부모로서의 삶을 시작하였다. 아직은 반년도 채 안된 초보 아빠이기에 아버지의 가족에 대한 사랑과 책임을 감히 헤아릴 수는 없지만, 그 여정의 위대함을 조금은 알 것 같다.

　'아들은 아버지의 뒷모습을 보고 배운다.' 라는 어느 책의 제목처럼 아버지의 많은 것들이 지금의 나를 이루고 있는 듯하다. 나는 훌륭하고 멋진 아버지의 뒷모습을 보고 자랐기에, 이러한 생각이 들면 새삼 자신감이 생긴다. 앞으로도 계속해서 아버지의 그 뒷모습을 바라보고 기억하고자 한다. 그리고 내 아들이 바라볼 나의 뒷모습도 그러하길 바란다.

이제 아버지께서 지금까지와는 전혀 다른 길을 준비하고 계신다. 나는 아버지 같은 분이 충북교육을 책임지게 된다면 우리 자식들의 학습을 지원하여 스스로 공부할 수 있는 자율성을 높여 주셨듯이, 충북교육도 정상화가 이루어져 학생들이 공부하고 싶어 하는 학교를 만들 수 있을 것이라고 생각한다. 아버지께서는 모든 면에서 자율성, 독립성을 중요하게 생각하고 계신다. 우리 자식들은 아버지의 의견을 존중하고 응원하지만 아버지의 건강에 이상이 생길까 걱정이다. 아버지께서 이번 일도 반드시 이루어낼 것이라 확신한다.

아버지는 열정과 집념이 강한 분이기 때문이다. 멋진 뒷모습을 언제나 간직하고 계신 아버지에게 짧은 글로서나마 감사와 존경의 마음을 전하고 싶다.

맺는 말
(epilogue)

[모두의 덕분이다]

나의 인생 여정을 돌이켜 보면 놀랍게도 '운칠기삼' (運七技三)을 떠올리게 된다. 사람이 살아가면서 일어나는 모든 일의 성패는 운에 달려 있는 것이지 노력에 달려 있는 것이 아니라는 말이다.

별로 노력을 하지 않았는데도 하는 일마다 잘 되어 성공을 거둘 경우, 인생사(人生事)는 모두 운수나 재수에 달려 있어 인간의 노력만으로는 되지 않는다는 체념의 뜻으로 쓰이기도 한다.

모든 일의 성패는 운이 7할을 차지하고, 노력이 3할을 차지하는 것이어서 결국 운이 따라주지 않으면 일을 이루기 어렵다는 뜻이다.

중국 괴이문학의 걸작으로 꼽히는 포송령(蒲松齡)의 '요재지이' (聊齋志異)에 도 비슷한 내용이 실려 있다.

한 선비가 자신보다 변변치 못한 자들은 버젓이 과거에 급제하는데, 자신은 늙도록 급제하지 못하고 패가망신하자 옥황상제에게 그 이유를 따져 물었다.

옥황상제는 정의의 신과 운명의 신에게 술내기를 시키고, 만약 정의의 신이 술을 많이 마시면 선비가 옳은 것이고, 운명의 신이 많이 마시면 세상사가 그런 것이니 옥황상제는 세상사는 정의에 따라 행해지는 것이 아니라 운명의 장난에 따라 행해지되, 3푼의 이치도 행해지는 법이니 운수만이 모든 것을 지배하는 것은 아니라는 말로 선비를 꾸짖어 돌려보냈다.

승마나 경마에도 비슷한 용어가 있다. 마칠기삼(馬七騎三)이 그것인데, 말이 뛰는 데는 말 본래의 능력이 7할, 말을 모는 기수의 능력이 3할을 차지한다는 뜻이다.

쉬지 않고 꾸준하게 한 가지 일만 열심히 하면 마침내 큰일을 이룰 수 있음을 비유한 우공이산(愚公移山)과는 정반대의 뜻이다.

그러나 '운(運)'은 아무에게나 따라주지 않는다. '운'을 다른 말로 하면 '때(時)'와 같다. 시간은 누구에게나 하루 24시간이 공평하게 주어지지만 기회는 그렇지 않다. 결국 때와 운은 준비하고 기다리는 자에게만 돌아오는 것이다.

그래서 고사성어 '임갈굴정'(臨渴掘井)이 주는 교훈이 크다. 목이 마른 뒤에야 우물을 판다는 뜻이다. '갈이천정'(渴而穿井)과도 같은 말이다. 병이 깊어진 뒤에야 약을 찾고, 어지러움이 심해진 뒤에야 다스리려고 하면 이미 때는 늦는다는 의미다.

무릇 어리석은 자는 후회가 많고 불초한 자는 스스로를 변명한다고 한다. 물에 빠진 자는 수로를 살피지 않았기 때문이고, 길을 잃은 자는 길을 묻지 않았기 때문이다.

혹자는 성공하려면 실패하라고 말한다. 실패하고 실패를 거듭하다보면 길이 보인다는 묵계(默契)다. 채우려면 비워야 하는 이치와도 맞닿아 있다.

꿈은 꾸고 싶다고 꾸는 것이 아니다. 나룻배로 강을 건너면 그 나룻배를 버려야 한다. 나룻배를 이고 초지로 나아갈 수는 없다. 초심으로 돌아가야 한다는 얘기다.

나는 오로지 '사람을 위한 사람에 의한 사람의 교육'을 꿈꾼다. 소통하지 않고 공감하지 못하는 교육은 가르침이 아니다. 그런 교육은 아무리 배워도 이해할 수 없는 난수표에 불과한 것이다.

교육의 중요성이 어느 때보다 중요시 되고 있다. 인재가 메마른 지역은 교육경쟁력이 낮고 지역경쟁력도 낮아질 수밖에 없다. 유용한 지식도 교육으로부터 나온다. 교육 경쟁력을 높이는 것은 인재 양성의 첫 걸음이다.

개인의 경쟁력을 높이는 것이 지역의 경쟁력을 높이는 길이고, 지역의 경쟁력이 높아져야 국가경쟁력도 높아진다. 개인의 경쟁력을 높이기 위해서는 결국 독서를 많이 하여 실력을 향상시키는 것이다. 또한 지역경쟁력을 높이기 위해서는 지역에서 얼마나 많은 인재를 교육하여 배출하느냐에 달려있는 것이다.

따라서 교육경쟁력을 높여야 지역경쟁력이 높아지는 것이고, 이는 국가발전을 견인하는 것이기 때문에 지역발전을 위해, 충북발전을 위해, 나아가 국가발전을 위해 교육의 중요성은 아무리 강조해도 지나치지 않다는 점을 거듭 천명해 두고자 한다.

이 책이 나오기까지는 많은 분들이 도움을 줬다. 누구를 특정하지 않아도, 누구라고 거론하지 않아도 그분들의 덕이 크다. 돌아가신 부모님을 비롯해 스승과 제자, 그리고 가족, 친구와 친지, 선·후배, 동료 교수와 교직원, 언론인, 시민사회, 지역사회에 이르기까지 헤아릴 수 없이 많은 모든 분들에게 고마운 뜻을 전한다. 모두가 그분들의 덕분이다.

황신모 총장은 충북교육에 활기를 더하고
학부모들의 근심을 빼고
가정과 학교에 희망을 곱하고
학생과 교사와 행복을 나누고

교사의 교권이 확실히 보장되고
학생이 공부하고 싶어하는 학교를 만들고
충북교육의 세계화를 이루는

그런 교육을 실천하여
교육 1번가 충북을 실현하겠다고 말한다.